Jack Russell Terrier

Alexandra Daniel

Jack Russell Terrier

Anschaffung · Pflege · Erziehung

FALKEN

Inhaltsverzeichnis

**Die Entstehung des
Parson Jack Russell Terriers** _ 6
Ein Jagdhund nach Maß _____ 7

Kleines Rasseportrait _____ 8
Erscheinungsbild _____ 8
Das ursprüngliche Wesen des
Jack Russell Terriers _____ 9

**Überlegungen vor der
Anschaffung** _____ 12
Passt ein Jack Russell Terrier
in mein Leben? _____ 12
Woher bekommt man einen
Jack Russell Terrier? _____ 19
Was kostet ein Hund? _____ 21
Rüde oder Hündin? _____ 23
Der Hund im Mietrecht _____ 24

Die Qual der Wahl _____ 26
Ein paar Worte zur
Entwicklung des Welpen _____ 26
Die Auswahl des Welpen _____ 31

Der neue Hausgenosse _____ 33
Was kann man vor
dem Einzug tun? _____ 33
Der Transport des Welpen _____ 35
Eingewöhnung _____ 37

Die Erziehung _____ 40
Grundsätzliches _____ 40
Erste Lektion: Stubenreinheit ___ 43
Gewöhnung an die Leine _____ 44
Die wichtigsten Kommandos ___ 45
Gewöhnung an
das Alleinbleiben _____ 48

**Die Körper- und
Lautsprache des Hundes** ____ 49
Wie ein Vierbeiner
kommuniziert _____ 49

Die richtige Ernährung _____ 55
Was sollte auf dem
Speisezettel stehen? _____ 56
Fertignahrung oder
selbst zubereitetes Futter? _____ 58

Haltung und Pflege _____ 61
Bewegung muss sein _____ 61
Die Körperpflege _____ 62
Der Jack Russell im Urlaub ____ 64

**Spiel und Sport für
den Jack Russell Terrier** ____ 68
Spielen als Ersatz
für fehlende Aufgaben _____ 68
Hundesport _____ 71

Die Gesundheit _____ 75
Wichtige Vorbeugung:
die Impfungen _____ 75
Infektionskrankheiten _____ 77
Häufige Krankheitssymptome __ 78
Parasiten _____ 80
Kastration oder Sterilisation ___ 84

**Der Hund auf Ausstellungen
und bei Prüfungen** _____ 85
Nationale und internationale
Ausstellungen _____ 85
Die Prüfungen _____ 88

Der alte Hund _____ 89
Gesundheitscheck
beim alten Hund _____ 89

Anhang _____ 92
Literaturhinweise _____ 92
Wichtige Adressen _____ 93
Register _____ 94

Das Wichtigste auf einen Blick

S. 10/11	Übersicht: Verwandte Terrierrassen
S. 22	Checkliste: Grundausstattung
S. 32	Checkliste: Daran erkennen Sie einen gesunden Welpen
S. 36	Tabelle: Giftige Zimmerpflanzen
S. 59	Übersicht: Wie oft und wie viel sollte man füttern?
S. 77	Impfplan
S. 82	Checkliste: Hundeapotheke
S. 87	Checkliste: Was Sie für die Ausstellung brauchen

Die Entstehung des Parson Jack Russell Terriers

War jener Parson Jack Russell, der dieser quicklebendigen Terrierrasse den Namen gab, nur ein Hundehändler? Oder war er tatsächlich ein vorzüglicher Hundekenner, der sämtliche Stammbäume seiner Tiere im Kopf hatte und ein untrügliches Gefühl für die besten Verpaarungen besaß? Der als vorrangiges Zuchtkriterium nicht das äußere Erscheinungsbild, sondern die Arbeitsleistung seiner Terrier ansah? John Russell (Spitzname: Jack) wurde 1795 als Sohn eines Geistlichen geboren. Der Vater ging der Jagd zu Pferde mit Begeisterung nach und hat John diese Neigung offensichtlich vererbt. Bereits während seiner Internatszeit stellte er seine erste Meute mit Jagdhunden zusammen und kaufte sich ein Pferd. Später dann, während seines Studiums in Oxford, frönte er seiner Leidenschaft für die Parforcejagd. Doch die Jagdhunde entsprachen noch nicht seinen Vorstellungen.

Kopf eines rauhaarigen Jack Russell Terriers

Ein Jagdhund nach Maß

Russell wünschte sich für die Jagd einen Hund, der über Intelligenz und Eifer verfügen und Eigenständigkeit besitzen sollte. In England, ihrem Ursprungsland, gab es zahlreiche Terrierrassen. Die kleinen, drahtigen und robusten Erdhunde (daher der Name: terra = Erde) wurden in den Bau von Fuchs und Dachs geschickt, um diese aufzuschrecken. Der Jäger konnte die Tiere dann mithilfe seines Hundes hetzen, stellen und erlegen.
Der Foxterrier war Anfang des 19. Jahrhunderts die am weitesten verbreitete Terrierrasse. Ein guter Jagdhund sollte nach Russells Vorstellung über die so genannten „gentlemanly characteristics" verfügen: das heißt, er durfte nicht übermäßig aggressiv sein. Durch die Einkreuzung von Bulldog-Blut entstanden oft Tiere, die nach Einschätzung Russells nicht für die Jagd taugten. Weiße, glatthaarige Terrier verrieten diese Abstammung. Russell bevorzugte deshalb Tiere mit rauem Fell und farbigen Abzeichen. Stammmutter seiner Zucht sollte die kleine Foxterrier-Mischlinghündin Thump werden, die Russell bereits während seiner Internatszeit einem

Von seinem Ursprung ist der Jack Russell Terrier als Jagdhund für die Arbeit im Dachs- und Fuchsbau einsetzbar

Milchmann abgekauft hatte. Sie entsprach in etwa dem Erscheinungsbild des heutigen Jack Russells. „Hunting Jack" wurde 88 Jahre alt. 1873 war er an der Gründung des englischen Kennel Clubs beteiligt, der mit dem Verband für das Deutsche Hundewesen (VdH) vergleichbar ist.
Erst 1990 wurde der Jack Russell Terrier als eigenständige Rasse vom Kennel Club anerkannt.

Kleines Rasseportrait

Erscheinungsbild

Seit dem 2. Juli 1990 gibt es einen international gültigen Rassestandard für den Jack Russell Terrier. Er gehört zur Gruppe 3, Sektion 1, also zu den „hochläufigen Terriern". Sein Kopf ist flach, von mäßiger Breite und wird zu den Augen hin allmählich schmaler. Die Ohren sind klein und v-förmig und liegen dicht am Kopf an. Der kleine Terrier hat mandelförmige, dunkle Augen von intelligentem Ausdruck und eine schwarze Nase. Der Kiefer sollte ein vollständiges, regelmäßiges Scherengebiss aufweisen.

Der Jack Russell Terrier ist ein Hund mit gleichmäßigen Proportionen. Die Richter achten besonders darauf, dass sein Brustkorb von zwei Händen umfasst werden kann (sonst könnte er bei der Jagd im Fuchsbau steckenbleiben).

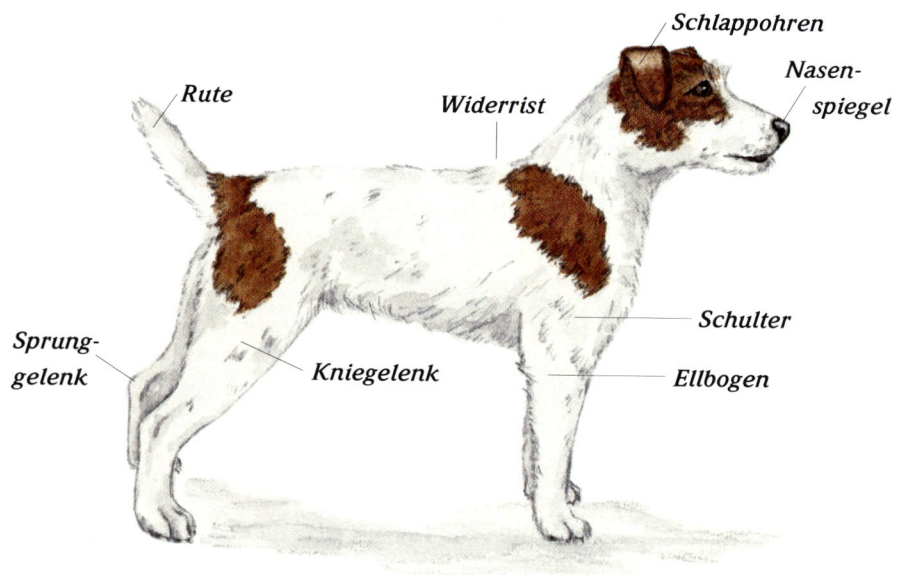

Rute · Widerrist · Schlappohren · Nasenspiegel · Sprunggelenk · Kniegelenk · Schulter · Ellbogen

Sein muskulöser Hals wird zu den Schultern hin breiter. Die Schulterhöhe von 33 bis 35 cm befähigt den Jack Russell Terrier zur Arbeit im Bau. Seine Schultern sind lang und schräg, die Vorderläufe kräftig und gerade. Seine Hinterhand sollte eine deutliche Winkelung aufweisen. Die Rute des Jack Russell Terriers wird um ein Drittel kupiert. Seine Bewegungen wirken beim Laufen lebhaft und doch gleichmäßig.

Das Haarkleid kann rau oder glatt sein, ist aber immer dicht und anliegend. Das Fell hat meist die Grundfarbe Weiß, mit schwarzen, braunen oder lohfarbenen Abzeichen oder Flecken.

Das ursprüngliche Wesen des Jack Russell Terriers

John Parson Russell setzte in der Zucht ganz auf die Arbeitsleistung des Terriers. Seine Hunde sollten über Unerschrockenheit und Mut verfügen, gepaart mit Robustheit und Intelligenz. Auf die Verbindung von einheitlichem Aussehen und jagdlicher Eignung wurde erst später Wert gelegt.

Russell kreuzte seine Terrier unter anderem mit Foxterrier und Beagle. Das Ergebnis waren Hunde, die sowohl Temperament als auch Selbstvertrauen besaßen. Dieses Selbstvertrauen macht es dem Besitzer manchmal schwer, seinen Vierbeiner zu erziehen: Ein Jack Russell Terrier kann seine Ohren prima „auf Durchzug" stellen, und man muss mindestens ebenso hartnäckig sein wie er, um die eigenen Wünsche durchzusetzen.

Der kleine Terrier steht gern im Mittelpunkt, er möchte gefallen. Das macht es leicht, ihm die grundlegenden Dinge beizubringen. Viele Jack Russells führen zum Beispiel gern Pferde am Strick auf die Weide; der Umgang mit diesen Tieren macht ihnen Spaß, sie zeigen keinerlei Furcht.

Der Jack Russell Terrier ist bei entsprechender Erziehung sehr kinderlieb. Aufgrund seiner Unempfindlichkeit nimmt er so schnell nichts übel. Fremden gegenüber ist er anfangs oft misstrauisch. Doch nach einem ersten zögerlichen Beschnuppern zeigt sich schon bald sein offenes und freundliches Wesen.

Verwandte Terrierrassen

Foxterrier	**Airedale Terrier**	**West Highland White Terrier**
Herkunftsland: Großbritannien	**Herkunftsland:** Großbritannien	**Herkunftsland:** Großbritannien
Erscheinungsbild: *Körperbau:* kleiner, gut proportionierter Hund mit kupierter Rute, Drahthaar muss getrimmt werden *Größe:* um 39 cm *Haarkleid:* Drahthaar und Glatthaar *Farben:* überwiegend weiß mit Flecken und Platten in jeder Farbe, außer rot, leberfarben oder schieferblau	**Erscheinungsbild:** *Körperbau:* harmonisch, wirkt leichtfüßig, kantig getrimmter Kopf, kupierte Rute *Größe:* Rüden 58,5 bis 61 cm, Hündinnen 56 bis 58,5 cm *Haarkleid:* drahtig *Farben:* lohfarben mit schwarzem oder grau meliertem Sattel	**Erscheinungsbild:** *Körperbau:* kräftiger, wendiger Hund *Größe:* um 28 cm *Haarkleid:* drahtig, muss getrimmt werden *Farbe:* stets weiß
Wesen und Charakteristika: lebhaft, arbeitsam, fröhlich und selbstbewusst; von hoher Intelligenz, treu ergebener Familienhund.	**Wesen und Charakteristika:** wunderbarer Familien- und Kinderhund, verspielt, intelligent, leichtführig, Begleit- und Gebrauchshund; unkompliziert, ist auch für Anfänger geeignet.	**Wesen und Charakteristika:** ausgesprochen charmanter Familienhund, der sich aufgrund seiner geringen Größe auch für kleinere Wohnungen eignet; selbstbewusst, ein wenig dickköpfig, immer zum Spielen aufgelegt.

Verwandte Terrierrassen

Border Terrier	*Deutscher Jagdterrier*	*Lakeland Terrier*
Herkunftsland: Großbritannien	**Herkunftsland:** Deutschland	**Herkunftsland:** Großbritannien
Erscheinungsbild: *Körperbau:* klein, aber nicht niedrig (niederläufig); unkupierter „Naturbursche", Kopfform otterähnlich *Größe:* etwa 32 bis 35 cm *Haarkleid:* Rauhaar, wird nicht getrimmt *Farben:* weizenfarben, rotgrau meliert (grizzle), blau und rotbraun	**Erscheinungsbild:** *Körperbau:* ausgewogen proportionierter, kleiner Hund *Größe:* um 40 cm *Haarkleid:* Rau- oder Glatthaar *Farben:* schwarz, schwarzgrau meliert, dunkelbraun mit rostroten Abzeichen	**Erscheinungsbild:** *Körperbau:* typischer Terrier von harmonischem Gesamtbild, muss regelmäßig getrimmt werden *Größe:* um 37 cm *Haarkleid:* Rauhaar *Farben:* schwarz und rotbraun, „blau" und rotbraun, rot, weizenfarben, rot meliert, leberfarben, „blau", schwarz
Wesen und Charakteristika: sehr freundlicher Hund, gesellig, genügsam und pflegeleicht; der Border besitzt ein ausgeglichenes Temperament und ist von geradezu sprichwörtlicher Robustheit; er eignet sich gut für sportliche Menschen.	**Wesen und Charakteristika:** geborener Arbeitshund, der jagdlich geführt werden sollte: raubzeugscharf, von hartnäckigem, aber charmantem Charakter; großer Bewegungsdrang.	**Wesen und Charakteristika:** wachsam, lebhaft, fröhlich, sehr selbstbewusst; neigt zur Dominanz gegenüber anderen Hunden, braucht viel Bewegung, guter Familienhund.

Überlegungen vor der Anschaffung

Passt ein Jack Russell Terrier in mein Leben?

Nicht jede Hunderasse ist für jeden Menschen gleich gut geeignet. Der Jack Russell Terrier stellt besonders hohe Ansprüche an seinen Halter. Das betrifft besonders die Erziehung. Ihr Hund wird Sie nur akzeptieren, wenn Sie vom ersten Tag an konsequent sind. Das heißt: Weder darf er auf dem Sofa sitzen noch das Brot vom Tisch holen. Ihr Jack Russell Terrier sollte niemals ein Kommando von Ihnen missachten. Ein Grundsatz, der gerade für diese Hunderasse besonders wichtig ist. Folgende Fragen helfen Ihnen herauszufinden, ob Sie sich für ein Leben mit diesem quicklebendigen Terrier eignen:

◆ Werden Sie von Ihren Mitmenschen eher als ruhig bezeichnet?
◆ Sind Sie ein aktiver Mensch? Gehen Sie gern spazieren?
◆ Ist Ihre Wohnung beziehungsweise Ihr Haus geräumig genug und gibt es draußen genug Auslaufmöglichkeiten?

◆ Haben Sie Verständnis für die etwaige Jagdleidenschaft Ihres Hundes?

Wenn Sie all diese Fragen mit Ja beantwortet haben, kann man Ihren zukünftigen Hausgenossen nur beglückwünschen: Sie sind der ideale Halter eines Jack Russell Terriers! Dennoch gilt es, vor der Anschaffung eines Hundes noch Folgendes zu bedenken:

◆ Der Jack Russell Terrier wird ungefähr 15 Jahre alt, und so lange müssen Sie dann auch die Verantwortung für das Tier übernehmen.
◆ Bis ein Hund erwachsen ist, vergehen ungefähr $1^1/_2$ Jahre. Während dieser Zeit muss man täglich an seiner Erziehung arbeiten.
◆ Sieht Ihre Zukunftsplanung so aus, dass ein Hund auf Dauer Platz in Ihrem Leben hat?
◆ Der Jack Russell Terrier braucht viel Zuwendung und reichlich Streicheleinheiten, sonst kann er mürrisch werden.
◆ Wer versorgt den Hund in Ihrer Abwesenheit? Sind Sie bereit,

das Tier mit in Ihren Urlaub zu nehmen?

◆ Besteht bei Ihnen oder bei einem Familienmitglied eine Allergie gegen Hundehaare?

Und noch einmal: Der Jack Russell Terrier ist ein lebhafter Hund, der ausreichend Raum braucht, um sich bewegen zu können. Daher ist eine sehr kleine Wohnung für die Haltung eines Hundes dieser Rasse ungeeignet. Ideal ist ein Haus mit einem Garten als Auslaufmöglichkeit.

Wichtig: Vor dem Kauf eines Hundes sollten Sie unbedingt einen „großen Familienrat" abhalten, denn alle Familienmitglieder müssen uneingeschränkt mit der Anschaffung eines Vierbeiners einverstanden sein!

Verträgt sich der Jack Russell Terrier mit Kindern?

Kinder sind oft begeistert bei der Sache, wenn es um die Anschaffung eines Hundes geht. Und tatsächlich besteht zwischen beiden eine natürliche Affinität. Längst ist wissenschaftlich erwiesen, dass die Entwicklung der sozialen Fähigkeiten eines Kindes gefördert wird, wenn

es mit einem Hund aufwachsen darf. Rücksichtnahme und Achtung vor dem Mitgeschöpf stehen dabei an erster Stelle.

Der Hund hört immer geduldig zu, hat stets genügend Zeit, freut sich über Streicheleinheiten. Er macht jeden Streich mit und „petzt" nicht. Der Jack Russell Terrier gilt als eine kinderfreundliche Rasse. Das heißt: Er ist robust und nervenstark genug, um auch einmal eine ungeschickte Behandlung ertragen zu können. Er liebt Schabernack, Action und Bewegung und wird sich daher bei Ihren Kindern großer Beliebtheit erfreuen.

Kleine Kinder und Hundebabys gehören zusammen. So sehen es jedenfalls diese beiden

Doch bei aller Euphorie, die Kinder oft an den Tag legen, wenn die Rede auf einen Hund kommt: Es gibt für sie Regeln, die sie unbedingt einhalten müssen:

◆ Hunde, besonders Welpen, brauchen Ruhepausen. Gestehen Sie Ihrem Vierbeiner einen Platz zu, an den er sich zurückziehen kann (zum Beispiel seinen Schlafplatz).
◆ Beim Fressen muss der Hund in Ruhe gelassen werden.
◆ Hunde sind zwar Spielgefährten, aber keine Spielgeräte!
◆ Niemals dürfen einem Tier absichtlich Schmerzen zugefügt werden.

Eine verantwortungsvolle Erziehung und ein intaktes Umfeld sind für das reibungslose Zusammenleben von Kindern und Hunden entscheidend. Es kann daher nur von Vorteil sein, wenn der Welpe, den Sie sich ins Haus holen, von einem Züchter kommt, der selbst Kinder hat. Bis ein Hund erwachsen ist, also mit ungefähr $1^1/_2$ Jahren, ist beinahe jede Rasse als kinderlieb zu bezeichnen. Ein ausgewachsener Hund aber wird Kinder behandeln, wie er sie kennengelernt hat: Waren sie Störenfriede, wird er sie zur Räson bringen wollen. Wussten sie um seine Bedürfnisse und behandelten sie ihn dementsprechend, wird er sie respektieren, lieben und beschützen. Eltern sollten Folgendes beachten:

▬ Geben Sie bei den Überlegungen zur Anschaffung eines Hundes keinem spontanen Wunsch Ihrer Kinder nach.

▬ Wenn der neue Vierbeiner da ist, halten Sie ihn konsequent dazu an, die Hierarchie in der Familie zu respektieren. Er darf Ihrem Kleinkind niemals den Keks aus der Hand schnappen. Und er muss runter vom Sofa, wenn Ihr Kind sich draufsetzen will (vorausgesetzt, er darf überhaupt auf das Sofa).

▬ Manchmal probieren Kinder die Erziehungsmethoden ihrer Eltern am Hund aus. Tragen Sie Sorge dafür, dass keine Missverständnisse entstehen. Bringen Sie Ihrem Kind die „Hundesprache" bei (siehe auch Kapitel: „Körper- und Lautsprache des Hundes" Seite 49 ff.). Dieses Wissen wird wesentlich zu einem störungsfreien Miteinander beitragen.

▬ Wenn ein Kindergeburtstag ins Haus steht, sollten Sie sich lieber jemanden suchen, der mit Ihrem Hund in dieser Zeit spazieren geht. Der Lärm und der Trubel sind nichts für Hunde.

Ehemals für die Jagdmeute gezüchtet, verträgt sich der Jack Russell Terrier gut mit Artgenossen

Der Jack Russell Terrier und andere Hunde

Da der Jack Russell Terrier ursprünglich in Meuten gehalten wurde, ist er durchaus „teamfähig", er kommt also gut mit Artgenossen klar. Zwei (oder mehr) Hunde können für den Besitzer sogar eine Entlastung bedeuten, denn

◆ sie reagieren im Spiel miteinander ihren Bewegungsdrang ab
◆ während der Abwesenheit ihres Herrn (sie sollte nicht länger als 4 Stunden dauern) können sie sich miteinander beschäftigen
◆ die Haltung zweier Hunde entspricht einer artgerechten Haltung eher als die eines Einzelhundes

Auf einen älteren Hund kann ein Welpe durch seine lebhafte Art verjüngend wirken. Umgekehrt kann ein erwachsener Hund den Kleinen – wenn nötig – in seine Schranken verweisen und so an seiner Erziehung mitwirken.

Von Nachteil kann ein Gespann von Jack Russell Terriern beim Spaziergang sein, dann nämlich, wenn sie unangeleint etwas entdecken, das ihren Hetztrieb auslöst (das kann schon ein Eichhörnchen sein). Denn Hunde sind Rudeltiere und jagen am liebsten zu mehreren.
Zu bedenken ist auch, dass die Haltung von zwei Hunden nicht nur mehr Kosten (für Steuern, Futter

und den Tierarzt) verursacht, sondern ihrem Besitzer auch mehr Zeit und Engagement abverlangt.

Ziehen Sie zwei Welpen zusammen auf, die vielleicht sogar aus demselben Wurf stammen, hat das den Vorteil, dass sich die Hunde sicher gut vertragen werden. Doch erfordert die Aufzucht eines solchen Pärchens sehr viel Einsatz vom Hundehalter.

Eine grundsätzliche Frage ist, ob man ein gleich- oder ein gemischtgeschlechtliches Hundepaar halten möchte. Bei letzterem können bei Eintritt der Geschlechtsreife Probleme auftreten: Zwei „verliebte" Hunde können sehr viel Unruhe verursachen. Viele Hundehalter geben dann eines der beiden Tiere vorübergehend zu Freunden oder Bekannten. Eine Alternative stellt die Kastration oder Sterilisation eines der beiden Vierbeiner dar (vgl. Kapitel „Kastration oder Sterilisation" Seite 84).

Hündinnen vertragen sich nicht sehr gut miteinander. Die Kämpfe um die Rangordnung werden besonders hart ausgetragen, wenn sie als erwachsene Hunde aufeinandertreffen. Auch Rüden ringen um den Platz in der Hierarchie, finden sich aber leichter mit ihrer endgültigen Position ab.

Wichtig: Lassen Sie sich unbedingt vor dem Kauf zweier oder mehrerer Hunde von einem Züchter hinsichtlich der Haltung beraten!

Der Jack Russell Terrier und andere Haustiere

Grundsätzlich ist der Jack Russell Terrier ein verträglicher Hund. Man findet ihn nicht umsonst häufig als Begleiter von Reitern und auf Bauernhöfen, wo er sich friedlich zwischen Hühnern, Kühen und Pferden bewegt. Doch man muss ihn erst behutsam an Gesellschaft gewöhnen. Anfangs sollte er nicht unbeaufsichtigt mit anderen Tieren zusammen sein, denn wie schnell wird sein Jagdinstinkt geweckt. Durch *Katzen*

kann das besonders leicht geschehen: Sie sind kleiner als der Hund, laufen normalerweise vor ihm davon und kommunizieren zudem völlig anders als er – „wedelt" eine Katze mit dem Schwanz, bedeutet das höchste Alarmstufe; bei einem Hund ist es ein Zeichen von Freude.
Bei kleinen *Nagetieren,* wie zum Beispiel Meerschweinchen, sollte man besonders gut auf den Hund achten. Selbst wenn er das Tier nur beschnüffeln will, kann ein Meerschweinchen vor Angst einen Herzschlag bekommen oder durch sein lautes Quieken Mordlust in Ihrem Jack Russell Terrier auslösen.
Vögel wie Wellensittiche oder Rosenköpfchen können zwar davonfliegen, wenn sie sich bedroht fühlen, doch wird das Ihren Hund nicht davon abhalten, sie durch die Wohnung zu jagen.

Wichtig: Behalten Sie den Hund immer im Auge, wenn er mit kleineren Tieren zusammenkommt. Hat der Jack Russell Terrier einmal begriffen, dass er Haustieren unter keinen Umständen etwas tun darf, gibt es normalerweise keine Probleme.

Besonders stark ist die Affinität des Jack Russell zu Pferden. Sie liegt

Keine Angst vor großen Tieren: ein Jack Russell Terrier auf dem Bauernhof

ihm einfach im Blut und erklärt sich aus seiner Geschichte heraus. Er fühlt sich in ihrer Gesellschaft wohl und hat keine Angst vor der Größe und den Hufen dieser im Verhältnis zu ihm riesengroßen Tiere. So manch einer hat es sogar gelernt, ein Pferd am Strick auf die Weide zu führen. Der Beginn der Erfolgsgeschichte dieser Rasse in Deutschland hat viel mit ihrer großen Beliebtheit bei Reitern zu tun, als deren Maskottchen der Jack Russell Terrier bis heute gilt. Man sieht diese Hunde oft auf Turnieren, wo sie den ganzen Tag über springlebendig herumlaufen. In Pferdeställen sind sie als eifrige Mäuse- und Rattenfänger besonders beliebt.

Ältere Menschen als Jack-Russell-Halter?

Nicht alle Jack Russell Terrier sind Temperamentsbündel und wollen ständig beschäftigt werden. Es gibt, genau wie beim Menschen, auch ruhigere Charaktere.

Im Allgemeinen ist der Jack Russell Terrier jedoch sehr lebhaft. Schätzen Sie sich als nervenstark und konsequent ein und bewegen sich gern in der freien Natur? Dann spricht nichts dagegen, dass Sie sich einen solchen Hund anschaffen. Lieben Sie es jedoch ruhig und beschaulich, ist vielleicht ein kleiner Hund einer anderen Rasse eher zu empfehlen.

Hunde haben generell gerade auf alleinstehende Menschen eine psychologisch günstige Wirkung: Ein solcher Mensch ist niemals einsam, er hat eine Aufgabe, da das Tier regelmäßiger Pflege bedarf, er bekommt Kontakt mit anderen Hundehaltern. Und im Ruhestand ist auch endlich die Zeit, sich genügend um einen Vierbeiner zu kümmern. Dass ein Hund mindestens dreimal am Tag an die frische Luft muss – und mit ihm sein Besitzer –, ist nicht der einzige Vorteil der Hundehaltung für ältere Menschen. Die vorbehaltlose Liebe des Tieres stört sich weder an grauen Haaren noch an faltiger Haut. Ihm ist es egal, was wir sind und wer wir sind.

Das Wichtigste für einen Hund ist, dass er Zeit mit „seinem" Herrchen oder Frauchen verbringen darf. Er möchte am liebsten ständig mit Menschen, die ihn lieben und an ihrem Leben teilhaben lassen, zusammensein. Natürlich kann das auch eine einzelne Person sein. Alleinstehende Menschen, die Freude an einem Hund haben und nicht mehr den ganzen Tag arbeiten müssen, sind aus dieser Sicht heraus sogar die idealen Partner für einen Hund.

Woher bekommt man einen Jack Russell Terrier?

Die naheliegende Antwort lautet: Rufen Sie den VdH, den „Verband für das Deutsche Hundewesen" (Telefonnummer 02 31/56 50-0, Adresse im Anhang Seite 93) an. Dort wird man Sie an die Rassehundevereine verweisen, die dem Verband angeschlossen sind. Diese wiederum geben über vorhandene Würfe Auskunft. Falls Sie durch Mundpropaganda von einem „guten" Züchter hören, sollten Sie überprüfen, ob er diesem Verband angehört.

Über Zeitungsanzeigen

Vorsicht bei Kleinanzeigen in der Tageszeitung. Bietet dort jemand zum Beispiel Golden-Retriever-, West-Highland-Terrier- und Jack-Russell-Welpen zusammen an, so sollten Sie misstrauisch werden, denn es handelt sich hier mit Sicherheit um jemanden, der Würfe bei den Züchtern aufkauft und sie mit unseriösen Angaben über ihre (nicht nachprüfbare) Herkunft weiterverkauft, oder – im schlimmsten Falle – um einen Hundehändler.

Gibt jemand jedoch nur Welpen einer Rasse an – nämlich Jack Russell Terrier –, fragen Sie ihn, ob er Mitglied des VdH ist. Seriöse Züchter haben nichts zu verbergen und unterwerfen sich selbstverständlich den strengen Zuchtbestimmungen des Verbandes.

Unter Umständen kostet ein solcher Welpe etwas mehr. Doch es lohnt sich, beim Anschaffungspreis nicht zu sparen, denn Welpen aus Massenzuchten sind oft krank, und die Tierarztkosten belaufen sich rasch auf ein Vielfaches des (scheinbar so günstigen) Kaufpreises. Zum anderen können Sie bei dem hier empfohlenen Kauf sicher sein, kein Tier aus dem organisierten Hundehandel erworben zu haben.

Generell sollte man beim Kauf von Rassehunden auf eine Zeitungsanzeige hin vorsichtig sein. Die Welpenvermittlung der Zuchtvereine verweist potentielle Hundekäufer normalerweise direkt an die Züchter; und sehr oft gibt es mehr Bewerber als junge Hunde.

Vom seriösen Züchter

Wenn Sie einen Zuchtbetrieb gefunden haben, der Ihnen vertrauenswürdig erscheint, sollten Sie dort anrufen und herausfinden, ob der Züchter und Sie eine gemeinsame „Wellenlänge" haben. Sie werden ja wahrscheinlich noch oft seinen Rat einholen müssen, wenn Sie einen Hund von ihm gekauft haben, und deshalb sollten Sie einander nicht völlig unsympathisch sein.

Möglicherweise müssen Sie mit einer Wartezeit rechnen, weil vielleicht gerade kein Wurf im passenden Alter da ist. Dann müssen Sie sich eben etwas in Geduld üben. Manchmal ist es ja möglich, die Mutterhündin bereits während der Trächtigkeit anzusehen. Die Welpen können jedoch meist erst mit ungefähr 4 Wochen in Augenschein genommen werden. Sehen Sie sich bei dieser Gelegenheit gleich ein bisschen genauer um:

Einen serösen Züchter erkennen Sie auch daran, daß seine Hunde ihm freudig begegnen

- Sind die Hunde in gutem Zustand?
- Ist die Mutterhündin bei der Wurfbesichtigung dabei?
- Ist der Welpenauslauf annähernd sauber, lebt der Züchter in „geordneten Verhältnissen"?
- Stimmt die ärztliche Betreuung (nachzulesen im Impfpass)?

Gefällt Ihnen die Umgebung, in der die Hunde ihre ersten Lebenswochen verbringen, dann haben Sie aller Voraussicht nach einen vertrauenswürdigen Zuchtbetrieb gefunden.

Wichtig: Einen seriösen Züchter erkennen Sie auch daran, dass er keine Vorauskasse für Ihren Wunschwelpen erhebt. Bezahlt wird erst bei Abholung, gegen Aushändigung des Hundes und des Impfpasses. Die Ahnentafel wird meistens nachgeschickt.

Und noch ein Hinweis: Seien Sie auch dem Züchter gegenüber absolut ehrlich. Schwindeln Sie ihm nichts von einer Villa mit Garten vor, wenn Sie nur zwei Zimmer zur Verfügung haben.

Was kostet ein Hund?

Bei einem Rassehund ist die Haltung genauso teuer wie bei einem Mischling. Nur sein Anschaffungspreis ist vergleichsweise höher. Er beträgt für einen Jack-Russell-Terrier-Welpen zwischen 1 300 und 1 800 DM. Es gibt bestimmte Kosten, die generell mit der Anschaffung und Haltung eines Hundes verbunden sind. Das beginnt bereits bei der Grundausstattung: Der Hund braucht einen Korb, eine Leine, ein Halsband und einen Fressnapf. Futterkosten fallen bei dem kleinen Jack Russell Terrier nicht so sehr ins Gewicht. Trockenfutter gibt es in jeder Preisklasse. Nicht zu unterschätzen sind die Tierarztkosten. Es werden zwar

So manche Jogginghose fiel bereits einem Hundebiss zum Opfer. In solchen Fällen springt die Haftpflichtversicherung ein

Checkliste Grundausstattung

◆ stoßfeste, bruchsichere Näpfe, der Größe des Hundes angepasst

◆ das gewohnte Futter (Züchter befragen)

◆ eine alte Decke oder ein alter Teppich, später dann ein Hundekorb

◆ Leine und Halsband, am besten aus leichtem, abwaschbarem Nylon

◆ Kauknochen aus Büffelhaut, Spielzeug, vielleicht auch ein abgelegtes Plüschtier von Ihren Kindern

◆ eine aufrollbare Laufleine

◆ ein Trenngitter für das Auto

mittlerweile bereits Krankenversicherungen für Tiere angeboten (Adressen können Sie beim Tierarzt erfragen), doch haben sie sich noch nicht richtig auf dem Markt durchgesetzt. Ein immer wiederkehrender Kostenfaktor sind die jährlichen Impfungen (um 120 DM), der Welpe benötigt davon im ersten Jahr sogar zwei. Jedes Vierteljahr sollte der Hund entwurmt werden (Kosten je nach Präparat um 10 DM). Der Jack Russell Terrier ist zwar ein ausgesprochen robuster Hund, doch kann auch er selbstverständlich einmal krank werden. So können sich die Tierarztkosten im Jahr leicht auf ein paar 100 DM belaufen.

Keinesfalls sollten Sie es verabsäumen, eine Haftpflichtversicherung für Ihren Hund abzuschließen. Es kann immer einmal passieren, dass er die Kleidung eines Bekannten ruiniert, jemanden beißt oder über die Straße läuft und einen Verkehrsunfall verursacht – im schlimmsten Falle mit Todesfolge. Sichern Sie sich daher von Anfang an gegen finanzielle Schäden ab.

Rüde oder Hündin?

Grundsätzlich unterscheiden sich Rüde oder Hündin nicht in ihrer Wesensart. Es gibt zwar Rüden, die dominant sind, und Hündinnen, die sich als sehr anhänglich erweisen, aber es kann ebenso umgekehrt sein.

Lediglich in ihrem Geschlechtsleben differieren sie, und das kann gravierende Auswirkungen auf den Alltag des Besitzers haben. Hündinnen werden zweimal im Jahr, meist im Abstand von ungefähr 7 Monaten, läufig. Diese Bezeichnung kommt daher, dass die Hündin während dieser Zeit nichts unversucht lässt, um zu einem Rüden zu gelangen. Da hilft auch kein Machtwort des Besitzers.

Die Hündin sondert während der Hitze (andere Bezeichnung für Läufigkeit) 2 Wochen lang ein blutiges Sekret ab. Wird dieses Sekret wässrig-klar, ist die Hochbrunst gekommen – die Hündin ist nun deckbereit. Die Rüden in der näheren Umgebung können die Paarungsbereitschaft der Hündin erschnuppern, denn bei Spaziergängen hinterlässt sie den „Duft" ihrer Urinmarken. Besitzer einer Hündin müssen daher damit rechnen, dass diese von

„liebeskranken" Rüden verfolgt wird. Es empfiehlt sich dann, die Spaziergänge auf die frühen Morgen- und auf die späten Abendstunden zu verlegen.

Auch in der Haltung eines Rüden gibt es kritische Momente: Ist eine Hündin in der Nachbarschaft läufig, kann es passieren, dass er das Fressen verweigert, todtraurig vor der Eingangstür liegt und nur noch für die Momente lebt, in denen er ins Freie darf. Entfernungen spielen hier nur eine untergeordnete Rolle; die Hündin kann fünf Straßenzüge weiter wohnen, entscheidend sind allein ihre Duftmarken, und die tragen sehr weit.

In dieser Zeit sollten Sie besonders gut aufpassen, dass Ihnen Ihr Hund nicht entwischt. Überlegen Sie, ob Sie ihn nicht vielleicht kastrieren lassen. Das erlöst ihn nämlich von diesen Qualen.

Noch vernünftiger ist es allerdings, sich bereits vor der Anschaffung eines Hundes umzusehen: Gibt es in Ihrer Nachbarschaft viele Hündin-nen? Dann kaufen Sie sich auch eine. Ein Rüde hätte es auf die Dauer schwer, denn eines der Weib-chen ist wahrscheinlich immer läu-fig. Wohnen in den Nachbarhäusern dagegen viele Rüden, dann nehmen Sie lieber auch einen.

Der Hund im Mietrecht

Glücklich ist, wer ein Eigenheim besitzt: Kein Mensch kann Ihnen dann die Haltung eines einzelnen Hundes verbieten. Möchten Sie allerdings eine Zuchtanlage eröff-nen, benötigen Sie eine Genehmi-gung der Stadt oder der Gemeinde. Falls Sie zur Miete wohnen und pla-nen, sich einen Hund anzuschaffen, prüfen Sie den Mietvertrag. Ist dort ausdrücklich festgehalten, dass Haustiere verboten sind? Dann ste-hen Ihre Chancen schlecht. Geneh-migungsfrei sind nämlich nur Meer-schweinchen, Wellensittiche, Gold-fische und andere Kleintiere. Ein Gespräch mit Ihrem Vermieter kann sich trotzdem lohnen. Wenn Sie glaubhaft darstellen, dass Sie Ihren Hund zu einem angenehmen Mitbe-

Welcher Vermieter kann diesen Augen widerstehen?

wohner erziehen – also darauf achten, dass er weder anhaltend bellt noch das Treppenhaus verunreinigt –, könnte Ihr Vermieter unter Umständen doch noch in die Hundehaltung einwilligen.

Auch wenn Sie laut Vertrag einen Hund halten dürfen, kann man Sie dazu zwingen, ihn wieder abzuschaffen – und hat die rechtliche Handhabe dazu – wenn er

◆ dauernd bellt, weil er die meiste Zeit des Tages allein gelassen wird,

◆ Garten, Hof oder die Straße schmutzig macht,

◆ Hausbewohner wiederholt beißt.

Besitzen Sie eine Eigentumswohnung, dürfen Sie einen Hund halten – es sei denn, die Gesamtheit der Eigentümer ist dagegen.

Unser Tipp

Stellen Sie Ihren Jack Russell Terrier Ihren Nachbarn vor, sobald er sich eingelebt hat. Weisen Sie darauf hin, dass die Wachsamkeit dieses Hundes für alle Hausbewohner Vorteile hat. Manchmal hilft es auch, sich schriftlich zum Abschaffen eines Hundes zu verpflichten, falls er andere belästigt.

Die Qual der Wahl

Ein paar Worte zur Entwicklung des Welpen

Um Hunde besser verstehen und einschätzen zu können – besonders dann, wenn man sich für eines von mehreren Wurfgeschwistern entscheiden muss –, ist es hilfreich, über die altersgemäße Entwicklung Bescheid zu wissen. Man kann diese in fünf Phasen einteilen:

1. Die vegetative Phase (1. und 2. Woche)

Ein neugeborener Hund ist völlig hilflos und braucht im Grunde nur drei Dinge: Wärme, Nahrung und Schlaf. Bestimmte Verhaltensweisen sind ihm angeboren: der Milchtritt zum Beispiel, der Saugreflex und die sogenannten Kontaktlaute (eine Art Fiepen). Von den Sinnesorganen des Welpen funktionieren anfangs nur der Tast- und der Geruchsinn (Welpen finden die Zitze der Mutter mit der Nase). Das Gehör ist noch unterentwickelt, die Augen sind geschlossen. Am vierten Tag lassen sich erste Orientierungsbewegungen und das Anheben des Kopfes erkennen. Doch schon gegen Ende der ersten Woche sind die automatischen Suchbewegungen kaum noch zu bemerken. Die Welpen reagieren auf Hunger, Kälte und Alleinsein mit Lautäußerungen, die sich zwischen Winseln und Knurren bewegen. In der zweiten Lebenswoche können aufmerksame Beobachter bereits individuelle Unterschiede zwischen den Geschwistern feststellen. Zielstrebig bewegt sich der kleine Hund auf die Milchquelle zu und verteidigt sie auch schon einmal gegen seine Geschwister. Am neunten Tag beginnt der Welpe zu krabbeln. Am zwölften Tag öffnen sich Augen und Ohren.

Diese frühe Phase der Welpenaufzucht bedeutet für die Mutter Schwerstarbeit. Rund um die Uhr muss sie die hungrigen Kleinen beaufsichtigen, versorgen, ihnen das Bäuchlein mit der Zunge massieren und das Lager sauberhalten. Sie benötigt in dieser Zeit eine spezielle, sehr energiereiche Nahrung, für die der Züchter sorgen muss.

2. Übergangsphase (3. Woche)

Ab der dritten Lebenswoche beginnen die Welpen sich für ihre Umwelt zu interessieren. Zwischen dem zehnten und dem fünfzehnten Tag öffnen sich die Augen, ab dem sechzehnten Tag können sie hören. Ihr Wärme- und Kälteempfinden stabilisiert sich. Und sie fangen an, sich den Geschehnissen außerhalb des Wurflagers zuzuwenden.

Nun versuchen sie ihrer Mutter beim Verlassen des Lagers zu folgen. Manche beginnen zu „bellen", um auf sich aufmerksam zu machen. Mit wachsender Neugier verfolgen sie die Ereignisse rundherum.

Gegen Ende der dritten Woche reagieren Hundewelpen auf Geräusche mit Zusammenzucken, sie zeigen bei Schmerz Abwehrreaktionen, sie können stehen, laufen und feste Nahrung zu sich nehmen. Der Züchter verabreicht zwischen dem fünfzehnten und dem einundzwanzigsten Tag eine erste Wurmkur.

Die Welpen beginnen soziale Beziehungen zu ihren Wurfgeschwistern aufzunehmen. Ihre Bewegungen werden koordinierter. Jetzt kommen auch die Milchzähne zum Vorschein.

Ab der 3. Lebenswoche beginnt sich der kleine Vierbeiner für seine Außenwelt zu interessieren

3. Prägungsphase (4.–8. Woche)

Dies ist die wichtigste Zeit im Leben eines Hundes. Was er jetzt kennen lernt, wird ihm in Zukunft vertraut erscheinen: Man spricht daher auch vom Urvertrauen, das sich aufbaut. Lernt der Welpe in dieser Entwicklungsphase liebevolle Menschen kennen, streichelnde Hände, angenehme Stimmen, wird er später auch ein normales, von Freundlichkeit geprägtes Verhältnis zu Menschen haben. Ganz besonders hilfreich ist es, wenn der Züchter Kinder hat, die jetzt bei der Betreuung helfen dürfen, denn dann ist Ihr Hund Kinder schon gewöhnt, wenn er zu Ihnen kommt.

In dieser Phase fängt der junge Hund an, selbstständig zu fressen, und er wird jetzt besonders stark von seiner Umwelt geprägt. Nun kann man beginnen, ihn mit anderen Haustieren vertraut zu machen. Seine gesamte Geschicklichkeit nimmt zu: besonders dann, wenn er im Welpenauslauf einen Spielparcours hat. Dieser kann zum Beispiel aus einer Wippe, einer Plattform mit Spielsachen und einem kleinen Balken bestehen, über den er balancieren kann.

Spielerisch erlernen die Wurfgeschwister die ersten sozialen Verhaltensweisen im Rudel:

◆ Wie unterwirft man sich?
◆ Wie zeigt man einem Stärkeren, dass man seine Überlegenheit akzeptiert?
◆ Wie droht ein Hund, und wie weit darf er im Spiel mit anderen gehen?

In der Natur kommt jetzt der Vaterrüde ins Spiel, der zuvor von der Mutter weggebissen wurde. Er zeigt, wie sich ein erwachsener Hund Welpen gegenüber benimmt: Ihnen wird so eine Art Narrenfreiheit (der so

*Welpen im Spielparcours:
Früh übt sich, wer es im Sport zu
etwas bringen will*

genannte Welpenschutz) zugestanden, allerdings dürfen sie sich auch nicht alles erlauben. Die Mutter ist wesentlich strenger im Bestrafen: Tun die Kleinen ihr weh oder benehmen sie sich unbotmäßig, nimmt sie ihr (noch lockeres) Nackenfell zwischen die Zähne und schüttelt sie kurz – für den Welpen eine Züchtigung, die „sitzt" und die er als sehr unangenehm empfindet. Übrigens ist das eine Möglichkeit der Bestrafung, die Sie im äußersten Notfall auch bei einem erwachsenen Vierbeiner einsetzen können: der Hund empfindet sie als die schlimmste Form der Demütigung.

Wenn ich nur wüßte, wie ich über diesen hohen Rand kommen kann!

4. Sozialisierungsphase (9.–12. Woche)

In dieser Zeit lernt der kleine Hund die Grundregeln des Zusammenlebens mit dem Menschen: Der Übergang vom Welpenrudel zum menschlichen „Rudel" findet statt. Die Verhaltensweisen, die er jetzt anerzogen bekommt, prägen ihn für sein ganzes Leben. Daher sollten Sie sich in dieser Phase besonders sorgfältig und intensiv mit Ihrem Vierbeiner beschäftigen und ihn mit seinem Alltag vertraut machen. Sie können jetzt mit ersten erzieherischen Übungen beginnen und ihn

langsam an die Stubenreinheit heranführen. Der Welpe sollte nun auch an den Umgang mit anderen Hunden gewöhnt werden.

Lassen Sie ihn so oft wie möglich mit den Artgenossen aus Ihrer Nachbarschaft spielen. Kein normaler erwachsener Hund wird Ihrem Kleinen etwas tun, er unterliegt dem bereits erwähnten „Welpenschutz". Im Gegenteil, dieser Kontakt ist für das soziale Verhalten Ihres Kleinen von großer Bedeutung. Hierbei lernt er alles, was ein Hund so wissen muss. Dazu gehört zum Beispiel:

◆ Am Knurren und daran, dass der andere Hund bereits zuschnappt, erkennt der Welpe, dass dessen Geduld am Ende ist.

◆ Wenn sich ein Hund unterlegen fühlt, nimmt er die so genannte „Demutshaltung" (vgl. Kapitel „Die Körper- und Lautsprache des Hundes " Seite 49 ff.) ein. Der andere lässt von ihm ab und akzeptiert seine Unterwerfung.
◆ Ein Rüde darf eine Hündin niemals ernsthaft verletzen.

Die Sozialisierungsphase ist für den kleinen Jack Russell Terrier die beste Zeit, das erste Mal Bekanntschaft mit Pferden zu machen.

5. Rangordnungsphase (13.–16. Woche)

Mit dieser Phase endet das Welpen-alter. Die jungen Hunde haben jetzt großen Spaß an Kämpfen unter Gleichaltrigen, Erwachsene erkennen sie allerdings als überlegen an. Hundebesitzer werden an ihrem Jack Russell jetzt erstmals das so genannte Imponierverhalten beobachten können. Nun ist konsequente Erziehung angesagt, der Welpe muss wissen, wer der „Herr im Haus" ist, denn ein Hund denkt in hierar-

Spielen ist für die Entwicklung des Hundes sehr wichtig

chischen Strukturen. Das heißt: Es gibt einen „Rudelführer", dem sich alle anderen unterzuordnen haben. Der Hund muss erkennen, dass er in der Hierarchie an letzter Stelle steht, hinter den Menschen. Daher ist in dieser Phase die Autorität des Menschen von großer Bedeutung. Der kleine Jack Russell muss begreifen, dass er zwar geliebt wird, aber seinen bestimmten Platz in der Familie hat.

Wenn ich das Handtuch bekomme, bin ich der Alpha-Hund!

Wichtig: Die Rangordnung muss immer eingehalten werden.

Die Auswahl des Welpen

Wie beim Menschen auch gibt es im Hunderudel viele verschiedene Persönlichkeiten: Der eine ist ein Draufgänger und hat vor nichts Angst, der andere ist introvertiert und ein bisschen schüchtern.
Ich rate davon ab, sich in jedem Falle den „Alpha-Hund" herauszusuchen, wie es in vielen Hundebüchern empfohlen wird. Der Welpe, der als Erster den Futternapf stürmt und bei den Rangeleien mit seinen Geschwistern fast immer gewinnt, wird sich auch im Alltagsleben als dominant erweisen. Es kommt vielmehr darauf an, dass die Persönlichkeitsstrukturen von Hund und Herr ungefähr übereinstimmen. Daher sollten Sie sich selbst erst einmal unter die Lupe nehmen: Was für ein Typ sind Sie? Beobachten Sie gern Menschen, führen Sie ein eher ruhiges Leben? Dann sollten Sie einen Welpen wählen, dem man sein gesetztes Temperament bereits anmerkt. Solche Tiere halten sich gern abseits und sehen den Wurfgeschwistern beim Spiel zu. Oder sind Sie jemand, der Action liebt? Ist Ihre Familie lebhaft, Ihr Auftreten bestimmt, und haben Sie in vielen Bereichen eine Führungsposition inne? Dann sind Sie der ideale Halter für den Leithund, denn diesem muss man mit Autorität und Konsequenz begegnen.

**Die Persönlichkeit von Mensch
und Hund sollte zusammenpassen**

Fällt Ihnen die Beurteilung schwer, nehmen Sie jemanden mit, der Sie und Ihre Familie genau kennt. Zusätzlich spielt es eine Rolle, wozu der Jack Russell dienen soll:

◆ als Hund für die Jagd?
◆ als Kamerad für die ganze Familie?
◆ als Begleiter für eine alleinstehende Person?
◆ als Zuchthund?

Davon hängt es zusätzlich ab, wie der Welpe geartet sein muss, für den Sie sich entscheiden.

Auf jeden Fall soll der kleine Hund, den Sie für sich auswählen, natürlich völlig gesund sein. Die nebenstehende Checkliste hilft Ihnen bei der Beurteilung.

Einen zuverlässigen Eindruck von der psychischen Verfassung der Hunde bekommen Sie, wenn Sie sich mitten in das Welpenrudel stellen. Gehen Sie in die Hocke und rufen Sie die Hunde (wenn sie nicht schon von selbst kommen). Mit einem Welpen, der sich irgendwo abseits verkriecht, ist etwas nicht in Ordnung. Fliehen alle Welpen vor Ihnen, so sollten Sie aus diesem Rudel keinen Hund kaufen: Sowohl Züchter als auch Betreuer haben sich in einem solchen Falle während der Prägungsphase zu wenig um ihre Schutzbefohlenen gekümmert.

Checkliste   *Daran erkennen Sie einen gesunden Welpen*

◆ *ein gesunder Welpe riecht angenehm, keinesfalls nach Fäkalien*

◆ *er hat glänzende Augen*

◆ *Nase und Augen sind frei von Ausfluss*

◆ *sein Bäuchlein darf zwar nach dem Fressen dick und rund sein, aber keinesfalls aufgebläht erscheinen (das deutet auf Wurmbefall hin)*

Der neue Hausgenosse

Was kann man vor dem Einzug tun?

Wer die Hundehaltung ernst nimmt, richtet nicht nur sein Leben auf den Welpen ein, sondern gestaltet auch seine Wohnung entsprechend. Dazu sollte man wissen, dass ein kleiner Hund gern an allem Möglichen herumnagt, seine Neugier kennt keine Grenzen. Auf uns Menschen wirkt es so, als ob er nur Schabernack im Kopf hätte. Für den Kleinen ist es der ganz normale „Entdeckungstrieb", der ihn für das Leben lernen lässt. Zum Beispiel muss er erst ausprobieren, dass Kakteen pieken, wenn man in sie hineinbeißt. Auch dass Frauchen sich sehr darüber freut, wenn er sein Geschäft draußen erledigt – und nicht etwa auf dem flauschigen Teppich im Wohnzimmer –, ist für einen kleinen Hund nicht selbstverständlich. Es gilt, die Wohnung „welpensicher" zu gestalten. Dazu gehört zunächst einmal, möglichst alle kostbaren Teppiche einzurollen und für eine gewisse Zeit zu lagern. Das

erspart dem Hunde- und Wohnungsbesitzer viel Ärger und einiges an Reinigungsarbeiten. Denn der Welpe wird in den ersten Wochen bestimmt irgendwo sein Pfützchen hinterlassen.

Wer kleine Kinder hat, weiß ungefähr, was unbedingt zu regeln ist, wenn ein Welpe in die Wohnung kommt:

▪ Vor steilen Treppen sollte man auf alle Fälle ein Kinderschutzgitter anbringen: So mancher kleine Hund ist schon abgestürzt und hat sich schwer verletzt, weil ihn seine Neugier in gefährliche Gefilde gelockt

Unser Tipp

Können oder wollen Sie Teppiche nicht wegschaffen – weil sie zu groß oder weil sie fest verlegt sind –, dann empfehlen sich Reisstrohmatten zum Darüberlegen, die verhindern, dass der Welpe sich im Hochflor verheddert, und die sich leicht reinigen lassen.

■ *Kleinere Kinder sollten beim Spiel mit dem Hund beaufsichtigt werden*

zudem an herumliegenden Scherben verletzen. Auch Blumeninseln (zum Beispiel Hydrokulturen) üben eine magische Anziehungskraft auf Welpen aus. Es kann passieren, dass der Kleine sie systematisch ausräumt, wenn Frauchen gerade mal nicht hinschaut. Also: In Sicherheit bringen! Und schließlich gibt es auch noch Pflanzen, die giftig sind – Sie finden sie in der Tabelle auf Seite 36.

■ Kinderspielzeug schließlich mögen nicht nur kleine Menschen, sondern auch kleine Hunde. So mancher Erstickungsanfall wurde schon durch einen Legostein ausgelöst, manches kleine Teilchen verschwand auf Nimmerwiedersehen!

Wichtig: Lassen Sie Ihr Kind nie unbeaufsichtigt mit dem Welpen spielen und passen Sie immer auf, dass weder in der Nähe des Hundebabys noch Ihres Kleinkindes gefährliche Gegenstände herumliegen.

hat. Auch einen zusammengeklappten Flügeltrockner für Wäsche kann man als Schutzgitter verwenden, allerdings muss man ihn entsprechend fixieren, damit der Welpe sich nicht einzwickt oder den Trockner vielleicht umwirft.

■ Bodenvasen, eventuell noch mit Blumen darin, wirken auf Welpen unwiderstehlich. Vorsicht! Umgestürzte Vasen bereiten nicht nur zusätzliche Arbeit, man kann sich

■ Auch bei Tablettenschachteln ist Vorsicht angeraten: Wenn Sie die zerbissenen Überreste einer Arzneipackung finden, sollten Sie besser den Tierarzt zu Rate ziehen, um einer möglichen Vergiftung gleich wirkungsvoll begegnen zu können.

Der Transport des Welpen

Alles ist vorbereitet: Die Wohnung ist hundesicher gestaltet. Herrchen und Frauchen nehmen sich den ganzen Tag Zeit. Kein Besuch hat sich angekündigt. Außerdem wird sich die Bezugsperson des kleinen Vierbeiners in den nächsten Wochen intensiv mit dem Welpen befassen können, um ihn zu erziehen. Natürlich ist der Abholtermin mit dem Züchter abgesprochen. Vorher gibt er dem Hund nichts zu fressen, denn auf der ersten großen Reise seines Lebens würde der Kleine sonst mit Sicherheit sein Futter wieder erbrechen.

Als Abholzeit empfiehlt sich der Vormittag: Dann kann der kleine Hund nachmittags – also noch im Hellen – seine neue Umgebung erkunden, sich gründlich mit ihr vertraut machen und auch gleich den Platz kennen lernen, an dem er sich jetzt und in Zukunft lösen darf (so nennt man das Absetzen von Kot oder Urin beim Hund), das ist später für das Erlernen der Stubenreinheit von Bedeutung.

Wichtig: Erkunden Sie Ihre Umgebung gründlich, bevor der Welpe bei Ihnen einzieht. Welcher Platz eignet sich am besten zum Lösen? Wo können Sie ihn frei laufen lassen?

Für die Fahrt vom Züchter nach Hause sollte ein stabiler, dick gepolsterter Behälter benutzt werden

Der Welpe sollte – wenn es irgendwie möglich ist – von seinen neuen Besitzern selbst abgeholt werden, denn so kann seine künftige Bezugsperson gleich einen ersten intensiven Kontakt zu dem Kleinen herstellen.

Für unterwegs besorgen Sie sich am besten im Supermarkt einen Bananenkarton, den Sie dick mit Zeitung und Küchenpapier auslegen; setzen Sie den Hund hinein und nehmen Sie diesen Karton während der Fahrt auf den Schoß. Streicheln Sie den Hund und sprechen Sie mit ihm, denn für den Kleinen ist es der aufregendste Tag seines bisherigen Lebens.

Wenn der Welpe für die Heimfahrt im Karton sitzt, ist es auch nicht schlimm, wenn er einmal „tröpfelt" oder vor lauter Aufregung erbrechen muss. Eine Rolle Küchenpapier hilft das Malheur schnell zu beseitigen. Bei der nächsten Rast können Sie den Abfall wegwerfen.

Fahren Sie sanft, halten Sie öfter einmal an, damit der Hund sich lösen kann. Nehmen Sie etwas aus der vertrauten Umgebung des Welpen mit – zum Beispiel die Decke, auf der er beim Züchter gelegen hat.

Giftige Zimmerpflanzen

Alpenveilchen *(Cyclamen persicum)*

Azalee *(Azalea indica, Rhododendron simsii)*

Chrysantheme *(Chrysanthemum)*

Dieffenbachie *(Dieffenbachia)*

Efeu *(Hedera helix)*

Farn (zum Beispiel *Nephrolepsis exaltata)*

Flamingoblume *(Anthurium scherzerianum)*

Lebensbaum *(Thuja)*

Narzisse, Osterglocke *(Narcissus)*

Primel *(Primula vulgaris)*

Weihnachtsstern *(Euphorbia pulcherrima)*

Denken Sie daran: Sie sind jetzt das Einzige auf der Welt, was das Hundekind hat. Es wird alles tun, was Sie von ihm wollen, wenn Sie ihm mit Liebe und Zuneigung begegnen. Sofern Sie diesen Grundsatz beherzigen, wird es für Sie ganz leicht sein, den Hund zu erziehen.

Eingewöhnung

Die ersten Stunden im neuen Heim

Etwas ganz Profanes sollten Sie bei der Ankunft als Erstes tun: Zeigen Sie dem Welpen seine künftige Toilette, und geben Sie ihm Gelegenheit, sich zu lösen. Nehmen Sie ihn hierbei an die Leine, damit er nicht wegläuft, um erst einmal die neue Umgebung auszukundschaften.

Machen Sie deutlich, dass Sie sich über das „Geschäft" ganz außerordentlich freuen. Damit ist bereits der Grundstein für die künftige Erziehung zur Sauberkeit gelegt. Versuchen Sie sich in den kleinen Hund hineinzufühlen: Seine Mutter und all seine Geschwister sind nicht mehr da. Der Kleine findet sich in einer für ihn völlig fremden Umgebung wieder, mit fremden Menschen, deren Geruch er noch nicht kennt.

Wahrscheinlich wird Ihr Jack Russell Terrier zunächst einmal Heimweh bekommen. Lassen Sie ihn in Ruhe. Er sollte alles beschnuppern dürfen, die Räume kennenlernen, in die er seine Pfoten setzen darf, den Platz, an dem er in Zukunft schlafen wird. Gönnen Sie ihm eine entspannte Atmosphäre und machen Sie ihn mit den Kindern und auch mit anderen Haustieren möglichst erst am nächsten Tag bekannt. Gehen Sie ganz normal Ihrem Alltag nach, jederzeit offen für Annäherungsversuche des Welpen.

Zeigen Sie dem Hund seinen künftigen Fressplatz. Wahrscheinlich wird er erst einmal einen kräftigen Schluck aus dem Wassernapf nehmen – so viel Neues macht durstig. Weichen Sie nach einer gewissen

Zeit das gewohnte Futter für ihn ein, damit der nervöse Magen nicht überfordert wird – der Züchter hat Ihnen sicherlich etwas davon mitgegeben, und Sie selbst sollten die Marke im Fachhandel bereits besorgt haben. Es ist übrigens nicht wichtig, dass der Welpe gleich am ersten Tag seinen Futternapf leert. Legen Sie dem Hund ein „Mitbringsel" aus seinem alten Zuhause in den Korb, dann wird er sich gleich viel wohler fühlen. Geben Sie ihm auch etwas zum Spielen – allerdings nur Spielzeug, das er auch in Zukunft behalten darf, also keine neuen Schuhe oder echte Perserteppiche.

Es kann sein, dass die ganze Aufregung dem Welpen auf den Magen schlägt. Das ist ganz normal. Es empfiehlt sich, ausreichende Mengen Küchenpapiers parat zu haben. Strengere Maßstäbe an die Sauberkeit sollten Sie erst in den folgenden Tagen und Wochen anlegen. Am ersten Tag ist noch Nachsicht angebracht.

Die erste Nacht

Machen Sie sich gleich von vornherein mit dem Gedanken vertraut, dass die erste Nacht des Welpen im neuen Heim unruhig werden kann.

Er wird von Heimweh und Sehnsucht nach Eltern und Geschwistern überwältigt sein. Ein kleiner Hund hat genau wie ein Menschenbaby noch keinen festen Schlafrhythmus. Er wird also winseln, Ihre Nähe suchen und probieren, zu Ihnen ins Bett zu kommen.

Wenn Sie der Versuchung erliegen, werden Sie eine ruhige Nacht mit einem kuscheligen Hundewelpen im Arm verbringen. Das Problem ist nur, dass Sie ihn wahrscheinlich in den folgenden Nächten nicht wieder aus dem Bett herausbekommen. Das kann sehr störend sein.

Legen Sie daher etwas, das Sie vom Züchter mitgenommen haben – etwa ein Stück seiner alten Decke, ein Schmusetier oder ein altes Kleidungsstück mit dem Geruch der Züchterfamilie – an seinen Schlafplatz. Manche Hundebesitzer schwören darauf, dem Hund für die ersten Nächte einen tickenden Wecker unter die Decke zu legen, der ihn mit seinen regelmäßigen Geräuschen an den Herzschlag der Mutter erinnern soll. Denn am schlimmsten ist für den Welpen das Gefühl verlassen zu sein. Er war noch nie in seinem Leben allein, und jetzt ist er es ausgerechnet an einem fremden Ort.

Noch „fremdelt" der Welpe in seinem neuen Zuhause. Doch das wird sich nach ein paar Tagen legen

Zeigen Sie dem kleinen Neuling seinen Schlafplatz, bedeuten Sie ihm, sich hinzulegen, und gehen Sie dann zu Bett. Lassen Sie ihn ruhig nachts an ihr Bett kommen, aber schicken Sie ihn immer wieder zurück. Falls sein Schlafplatz im Wohnzimmer ist, können Sie sich auch auf die Couch in seine Nähe legen. Kalkulieren Sie einige Wachzeiten ein, denn vermutlich müssen Sie dem Welpen immer wieder klarmachen, dass dieser Korb oder diese Kiste da jetzt seine neue Schlafstatt ist. Doch dann haben Sie schon fast gewonnen.

Die nächste Nacht wird ruhiger werden. Und so langsam gewöhnt sich der Hund an Ihren Rhythmus, wenn Sie ihm immer konsequent die gleiche Zeiteinteilung, immer die gleichen Gewohnheiten vorleben und bereits jetzt „Erziehungsstandards" aufstellen (dazu gehört beispielsweise, dass am Tisch nicht gebettelt werden darf).

Die Erziehung

Grundsätzliches

Ihr Hundekind ist nun 8 Wochen alt. Das ist das beste Alter, um mit der Erziehung zu beginnen. Denn jetzt ist der Kleine besonders prägungsfähig. Er nimmt Ihre Vorgaben leicht auf.

Für das reibungslose Zusammenleben von Mensch und Tier ist das Einhalten gewisser Regeln notwendig. Dabei muss man berücksichtigen, dass Hunde Rudeltiere sind: Sie sollten immer genau wissen, wer ihr Rudelführer ist. Gerade der als „dickköpfig" geltende Jack Russell Terrier stellt besondere Ansprüche an das Durchhaltevermögen seines Halters. Wenn Sie von Ihrem Hund als „Leittier" respektiert werden wollen, ist Konsequenz unerläßlich. Nachgiebigkeit ist hier unangebracht. Doch häufiges Strafen ist sicher nicht die beste Erziehungsmethode. Im Gegenteil: Hunde streben den Lustgewinn an. Wenn ihnen die Ausführung eines Befehls Spaß macht, lernen sie besonders leicht und schnell.

Ziel der Erziehung im ersten halben Jahr sollten für Ihren Familienhund neben der Stubenreinheit das Erlernen einiger wichtiger Kommandos wie „Komm", „Sitz" und „Platz" sein. Auch das Laufen an der Leine, die so genannte Leinenführigkeit, gehört dazu.

Das Zauberwort heißt Konsequenz

Vom ersten Tag an muss sich der Welpe an bestimmte Regeln halten: So sollte er wissen, dass er weder vom Tisch naschen noch auf das Bett oder den Fernsehsessel springen darf.

Wichtig: Liebe, Geduld und Konsequenz sind nötig, um einen Hund zu erziehen. Hat man ihm einmal etwas mit Nachdruck verboten, sollte man keine Ausnahmen dulden. Das kann sehr anstrengend sein, denn man darf den Kleinen niemals aus den Augen lassen. Doch nach einigen Wochen versteht selbst der dickköpfigste Hund die häuslichen Grundregeln.

Setzt man dem Welpen in diesem Alter Grenzen, wird er sie später als selbstverständlich akzeptieren. Nehmen Sie sich Zeit, um sich eingehend mit Ihrem Vierbeiner zu beschäftigen; es lohnt sich, denn schließlich soll er ja sein ganzes Leben mit Ihnen verbringen.

Hunde lernen ganz von selbst

Wer seinen Hund beobachtet, weiß, dass er bestimmte Verhaltensweisen von allein an den Tag legt. Das kann man sich für seine Erziehung zu Nutze machen. Sagen Sie „Sitz", wenn Ihr Hund sich sowieso gerade hinsetzen möchte, und verknüpfen Sie so Handlung und Kommando miteinander. Loben Sie ihn dann ausgiebig. Aufmerksamen Hundebesitzern gelingt es immer wieder, aus alltäglichen Situationen oder aus einem Spiel heraus eine Lernlektion zu entwickeln.

Wichtig: Hunde können nicht abstrahieren

Unsere Vierbeiner sind nicht in der Lage, zeitlich auseinanderliegende Ereignisse miteinander in Zusammenhang zu bringen. Das vermag nur der Mensch; ein Hund kann niemals den Monolog seines Besitzers begreifen, der ihm erklärt, dass es böse war, Frauchens Ausgehschuhe in kleine Stücke zu zerpflücken. Nur wenn man ihn auf frischer Tat ertappt, sollte man ihn am Nackenfell schütteln und ihn in scharfem Tonfall mit einem „Pfui!" tadeln. Das kann ein Hund verstehen, denn er lebt im Augenblick. Strafen, die nach einer begangenen Missetat erfolgen, sind wirkungslos.

Erste Lektion: Stubenreinheit

Natürlich ist jeder Hundebesitzer bestrebt, seinen Welpen zur Sauberkeit im Haus zu erziehen. Manche Hunde lernen das erstaunlich schnell innerhalb einiger Tage; im Durchschnitt dauert es jedoch 2 bis 3 Wochen.

Für die Erziehung zur Stubenreinheit sollten Sie Folgendes beachten:

◆ Legen Sie, bevor der Welpe zu Ihnen kommt, fest, an welchem Platz er draußen sein Geschäft verrichten soll.

◆ Mindestens ein Familienmitglied sollte die Zeit haben, sich anfangs unaufhörlich um das Hundebaby zu kümmern.

◆ Regelmäßigkeit im Tagesablauf von Mensch und Tier fördert schnelles Sauberwerden.

Ein Welpe muss ungefähr alle 2 bis 3 Stunden die Blase und den Darm entleeren, auch nachts, außerdem nach dem Aufwachen und nach jeder Mahlzeit. In der Nacht ist es deshalb ratsam, den Wecker zu stellen und den Hund nach draußen zu tragen. Bald wird er sich angewöhnen, Ihnen vorher anzuzeigen, wenn er sich lösen muss.

Hat der Welpe draußen am vorgesehenen Platz sein Geschäftchen verrichtet, sollten Sie ihn ausgiebig loben! Schimpfen Sie aber mit dem Hund niemals, wenn das Malheur in der Wohnung passiert ist, schon gar nicht hinterher. Das macht ihn nur nervös und scheu und führt dazu, dass er sehr verschwiegene Ecken aufsucht.

Wichtig: Die Unsitte, den kleinen Hund mit der Nase in die Bescherung zu stoßen, gehört in den Bereich der Tierquälerei. Der Besitzer sollte durch entsprechende Beobachtung erkennen, wann sein Hund sich erleichtern will.

Unser Tipp

Hat Ihr kleiner Vierbeiner in der Wohnung einen See gemacht, so beseitigen Sie den Fleck mit einem stark riechenden Mittel (Essigreiniger; parfümiertes Geschirrspülmittel). Hunde mögen diese Gerüche nicht und meiden solche Bereiche.

Gewöhnung an die Leine

In der Natur gibt es weder Halsbänder noch Leinen. Man sollte den Hund also – möglichst früh – mit Geduld und Einfühlungsvermögen an diese artfremden Utensilien gewöhnen.

Nur mit einem Hund, der sich brav an der Leine führen lässt, kann man einen Bürgersteig entlanggehen, die Straße überqueren oder durch wildreiches Gebiet spazieren. Am besten eignet sich für den Anfang ein weiches Halsband aus Nylon. Es hat den Vorteil, dass es sehr leicht und zudem unzerreißbar ist. Lassen Sie Ihren kleinen Jack Russell Terrier das Halsband beschnuppern, ihn damit spielen und legen Sie es ihm dann locker um den Hals. Wenn Sie ihm nun etwas zu fressen geben oder mit ihm in den Garten gehen, verknüpft der Hund das Anlegen des Halsbandes mit etwas Positivem. Diesen Trick sollten Sie die ersten Male anwenden.

Hat der Kleine sich an das Halsband gewöhnt, befestigen Sie – zuerst in der Wohnung – die Leine daran und lassen ihn damit herumlaufen. Vielleicht hat er zunächst Angst vor dem hinterherschleifenden Band, aber die meisten Hunde finden es eher spa-

So ist's brav: Ein Profi zieht nicht an der Leine!

ßig. Und Spaß liebt ein Hundewelpe nun einmal über alles!

Nehmen Sie auf den ersten Spaziergang ein Plastikdöschen mit Hundeleckerchen mit, das laut klappert, wenn Sie es bewegen. Jeder Hund begreift in Sekundenschnelle, dass darin eine Belohnung enthalten ist. Diese Dose schütteln Sie öfter, wenn der Welpe sich zunächst weigern sollte, an der Leine mit Ihnen vorwärts zu gehen.

Wichtig: Vermeiden Sie es, den Hund zu ziehen, denn dann empfindet er die Leine als Zwang und als Einengung seiner Freiheit.

Folgt Ihnen Ihr Hund an der Leine, dann belohnen Sie ihn. Im Allgemeinen dauert es mit dieser Methode nicht länger als 3 Tage, bis er leinenführig ist.

Achten Sie während der ersten Spaziergänge mit der Leine darauf, Ihren Hund immer wieder anzuschauen. Stellen Sie also Blickkontakt zu ihm her. Denn nur, wenn Sie seine Aufmerksamkeit erregen, wird er von Ihnen lernen!

Schwierig wird es, wenn der Hund sich bereits weit von Ihnen entfernt hat und auf Ihr Rufen nicht mehr reagiert. Es ist ratsam, sich für solche Fälle eine Hundepfeife anzuschaffen und den Vierbeiner von Anfang an darauf zu trainieren, dass er diesem Ruf unbedingt Folge zu leisten hat. Manche Hunde „vergessen" bereits Gelerntes gern wieder – das heißt, sie testen die Autorität ihres Rudelführers.

Die wichtigsten Kommandos

„Komm!"

An einer langen, leichten Führleine, wie sie Jäger benutzen, kann das Kommando „Komm!" eingeübt werden. Der Hund bleibt einige Spaziergänge lang an dieser Leine; bei Nichtbefolgen des Befehls ziehen Sie ihn leicht zu sich heran.

Wichtig: Laufen Sie niemals einem Welpen hinterher, wenn er auf das Kommando „Komm!" nicht hört. Er würde diese Übung fortan als lustiges Fangspiel betrachten!

„Sitz!", „Platz!" und „Bleib!"

▬▬ „Sitz!" ist kein schwieriges Kommando. Die meisten Hunde setzen sich von selbst, wenn Sie ein Leckerchen in der Hand halten. Sprechen Sie nun immer im gleichen Moment, in dem Ihr Hund sich hinsetzt, diesen Befehl aus, so wird das Tier die Bedeutung des Wortes bald verstehen.

Manchmal empfiehlt es sich zusätzlich, den Welpen am Halsband zu nehmen, sein Hinterteil sanft hinunterzudrücken und noch einmal „Sitz!" zu sagen. Dieses Kommando können Sie häufig verwenden: zum Beispiel bevor Sie die Leine am Halsband befestigen, damit Sie Ihrem Hund nicht hinterherlaufen müssen, wenn er bereits zur Tür strebt, oder bevor Sie zusammen die Straße überqueren.

▬▬ Das Kommando „Platz!" stellt im Wesentlichen eine Fortführung von „Sitz!" dar. Ziehen Sie die Vorderpfoten Ihres (sitzenden) Hundes leicht nach vorn und drücken Sie zusätzlich auf seine Schulterblätter.

Auf das Kommando „Platz!" folgt nun ein „Aus"!

Anfangs sollten Sie auch hier jede Situation, in der sich der Hund freiwillig hinlegt, nutzen, um das Befolgen dieses Kommandos zu trainieren. Förderlich wirkt ein Leckerchen, das Sie knapp über dem Boden vor Ihren sitzenden Terrier halten und etwas von ihm wegziehen – er wird sich nun automatisch hinlegen.

Das Kommando „Platz" ist eine Möglichkeit, den Hund zur Ruhe zu bringen. Diesen Befehl können Sie später erweitern: Mit dem Kommando „Bleib!" sollten Sie erreichen, dass Sie von Ihrem Hund weggehen können, ohne dass er Ihnen folgt. Das erfordert jedoch ständiges Üben. Voraussetzung ist das Beherrschen der Kommandos „Sitz!" und „Platz!".

„Aus!"

Viele Hunde haben die Gewohnheit, an fremden Menschen hochzuspringen. Besonders Welpen zeigen so ihre oft unbändige Freude über Besuch, und mancher Jack Russell Terrier behält diese Angewohnheit ein Leben lang bei. Das Anspringen ist nichts anderes als eine nette Willkommensgeste des Hundes. So begrüßt ein wildes Hundekind seine freilebenden Eltern, wenn sie von der Jagd kommen. Es stupst sie dabei in die Schnauzenwinkel, um sie aufzufordern, etwas von der Beute abzugeben.

Für den Menschen bedeutet dieses Verhalten jedoch ein Ärgernis, besonders wenn der Hund schmutzige Pfoten hat. Hier ist der Befehl „Aus!" angebracht. Dieses Kommando kann man trainieren, wenn man dem Welpen etwas aus dem Fang nimmt und ihm dabei zwei Finger von außen rechts und links zwischen die Backenzähne bohrt. Der Hund wird automatisch das Maul öffnen. Sagen Sie dazu „Aus!". So wird er lernen, auf dieses Kommando bei allen Aktivitäten, die er unverzüglich abzubrechen hat, entsprechend zu reagieren, auch beim Anspringen.

„Bei Fuß!"

„Bei Fuß!" heißt, dass der Hund ohne Leine links neben seinem Herrn im selben Tempo wie dieser geht. Das Einüben dieses Kommandos erfordert zwar viel Geduld, lohnt sich aber immer.

Nehmen Sie zum Trainieren Ihren jungen Hund an die Leine, führen Sie ihn an der linken Seite, und halten Sie ihn auf Ihrer Höhe. Prescht er vor, ziehen Sie kurz an der Leine und sagen „Fuß!". Wiederholen Sie diese Übung, sooft es Ihnen möglich ist.

Wenn Ihr Hund dieses Kommando an der Leine beherrscht, können Sie es auf einem eingezäunten Grundstück oder einem Hundeplatz auch ohne Leine üben. Sie lassen dazu den (hungrigen) Hund an Ihrer Seite gehen und halten einen Leckerbissen vor seine Nase (aber höchstens 1 Minute lang). Wenn er sich wunschgemäß verhalten hat, bekommt er das Leckerchen. Dann wiederholen Sie das Ganze.

Nach einer gewissen Zeit funktioniert die Übung dann schon, wenn Sie nur noch die flache Hand vor Ihren Vierbeiner halten und das Kommando aussprechen, später fällt auch diese Geste weg. Er weiß nun genau, was der Befehl „Bei Fuß!" bedeutet.

Wichtig: Damit Ihr Hund als Erwachsener nicht hinter Joggern oder Fahrradfahrern herläuft (Hetztrieb), muss er das Kommando „Bei Fuß!" zuverlässig beherrschen.

Gewöhnung an das Alleinbleiben

Für einen Welpen bedeutet es eine Strafe, allein gelassen zu werden. Der Hund ist ein Rudeltier und in der Natur niemals ohne Gesellschaft.
Im ersten Vierteljahr sollte das Hundekind möglichst gar nicht allein bleiben. Steht eine Einkaufsfahrt an, ist es ratsam, den Kleinen mitzunehmen und ihn im Auto zu lassen – natürlich mit Hundegitter und bei geöffneten Scheiben. Dabei lernt der Welpe gleich zweierlei: er gewöhnt sich einerseits an das Autofahren und andererseits merkt er, dass Frauchen bald wieder zurückkommt.
Bleibt der Hund das erste Mal allein in der Wohnung, kann man ihm ein getragenes Kleidungsstück in den Korb legen. Auch ein Radio, das leise spielt, lenkt den Welpen ab.

Ein paar Minuten Alleinbleiben reichen als erstes Training

Wichtig: Anfangs sollten Sie den Welpen nur wenige Minuten allein lassen. Jault er, sollten Sie versuchen, ihm das abzugewöhnen, indem Sie geduldig immer wieder zu ihm hineingehen, „Aus!" sagen und ihn auf seinen Platz zurückschicken. So lernt Ihr Vierbeiner, dass sein Heulen eine unerwünschte Verhaltensweise ist.

Dehnen Sie dann die Zeitabstände immer weiter aus. Bitten Sie einen Nachbarn, während der Zeit Ihrer Abwesenheit ein wenig zu „lauschen".

Die Körper- und Lautsprache des Hundes

Wie ein Vierbeiner kommuniziert

Jeder Hund kann sprechen. Nicht mit Worten, dafür aber mit seinem ganzen Körper. Man muss nur genau hinschauen, um zu verstehen, was er meint. Und sein Besitzer sollte über einige Informationen verfügen, um zu wissen: Was will mir mein Hund mit diesem Verhalten sagen?

Mit der Nase „lesen"

Wussten Sie, dass der Geruchssinn Ihres Hundes viele tausendmal höher entwickelt ist als der eines Menschen? Manche Hunde sind in der Lage, noch Tage später zu erschnuppern, dass ein Reh über den Waldweg gelaufen ist. Wenn die Fährte noch frisch ist, kann jeder Jagdhund den Weg des Wildes durch das Gehölz verfolgen. Daher mögen Hunde auch das gegenseitige Beschnüffeln (insbesondere der Analregion); ihre körpereigenen Düfte sind sozusagen ihre Visitenkarte.

Auch nach Jahren wird ein Hund seinen gewohnten Spazierweg noch immer intensiv abschnüffeln; verrät ihm die Duftspur doch, wer hier mit wem entlanggegangen ist, ob neue Gerüche hinzugekommen sind oder ob es eine läufige Hündin in der näheren Umgebung gibt. Diese Gewohnheit wird oft mit dem „Lesen einer Tageszeitung" verglichen. Auch wenn wir selbst nichts Aufregendes mehr daran finden: Für unseren Hund kann auch der altbekannte Feldweg noch interessant sein. Der hervorragende Geruchssinn des Hundes ist für den Menschen von unschätzbarem Wert: Er hat ihn sich zu Nutze gemacht, indem er den Hund als Rauschgiftspürhund oder Lawinensuchhund einsetzt.

Übrigens: Hunde mögen kein Parfüm! Was für uns so angenehm duftet, stinkt für unseren Vierbeiner ganz entsetzlich.

Seine Körperhaltung besagt eindeutig: Ich will spielen!

Was die Mimik sagt

Jeder Hund hat eine ungeheuer gut entwickelte Gesichtsmuskulatur. Er ist damit in der Lage, eine Menge Stimmungen auszudrücken. Achten Sie einmal darauf, wie genau Ihr Hund Sie anschaut, wenn Sie nach Hause kommen: Er erkundet Ihren Gemütszustand genau und verhält sich entsprechend. Er lernt viel von Ihnen. Auch Hunde sind in der Lage, die Stirn zu runzeln oder die Augenbrauen bedrohlich zusammenzuziehen.

Besondere Bedeutung haben die Lefzen. Sie bedecken die schärfsten Waffen des Hundes: die Zähne. Kraust der Hund die Nase, ohne die Zähne zu blecken, will er vielleicht nur spielen. Entblößt er aber zugleich seine Beißwerkzeuge, sollte man sich besser nur mit Vorsicht nähern.

Die Mimik des Hundes ist fast immer mit entsprechenden Körperhaltungen oder -bewegungen verbunden. Gut beobachten kann man das im Welpenrudel: Im Spiel üben die Kleinen das gesamte Repertoire an Ausdrucksmöglichkeiten eines erwachsenen Hundes. Der Welpe probiert es aus: Furchterregend knurren und dabei mit den Augen rollen bringt den Bruder vielleicht dazu, den Knochen, an dem er gerade nagt, abzugeben ...

Die Fronten sind nun klar, es wird zu keiner Beißerei kommen

Die verschiedenen Körpersignale

◆ *Die Drohhaltung*

Einen Hund in Drohhaltung erkennt man auf den ersten Blick: Er hat die Zähne gefletscht, geht mit zeitlupenhaften Bewegungen und mit steifen Beinen, hat steil aufgerichtete, nach vorn gestellte Ohren; die Rute ist aufgerichtet, das Nacken- und Rückenhaar gesträubt. Er bleckt die Zähne und knurrt.

Diese Haltung signalisiert Angriffsbereitschaft. Oft umrunden einander zwei Kontrahenten steifbeinig, bevor es zum Kampf kommt.

Mischen Sie sich möglichst nicht ein, wenn zwei Hunde miteinander kämpfen. Versuchen Sie nicht, direkt mit den Händen einzugreifen oder die Tiere durch Befehle zu trennen. Es würde nichts nützen! Haben sich zwei Hunde ineinander verbissen, kann entweder ein Wasserstrahl helfen, den man auf die Kampfhähne richtet, oder zwei beherzte Menschen packen gleichzeitig jeweils einen der Kontrahenten an der Rute und ziehen die beiden auseinander.

◆ *Die Demutshaltung*

Die Drohhaltung kann langsam in die Demutshaltung übergehen: Dann nämlich, wenn einer der beiden Hunde erkennt, dass er dem anderen unterlegen ist.

Der Hund macht sich nun klein, er duckt sich, weicht dem direkten Blick des anderen aus, senkt den Kopf, knickt in den Hinterläufen ein (das kann bis zum Kriechen führen), legt die Ohren an und klemmt die Rute zwischen die Beine.

Dieses Verhalten löst beim anderen, gut sozialisierten Hund eine Hemmung aus: Er wird den Gegner jetzt nicht mehr angreifen (manchmal kommt es noch zu einem Scheinangriff, der die Flucht des Unterlegenen auslöst).

Auch hier gilt: Der Mensch sollte nicht gleich eingreifen; die Vierbeiner regeln so etwas am besten unter sich.

Es ist wichtig, dass Hunde diese Verhaltensweisen lernen, und das geht leichter, wenn sie noch ganz jung sind. Im Spiel mit vielen anderen Hunden lernen sie das Einmaleins der Verständigung untereinander am besten.

◆ Das Imponiergehabe

Hunde versuchen sich oft gegenseitig zu imponieren, wenn sie sich noch nicht zu einem Kampf entschlossen haben oder diesen vermeiden wollen. Dazu richten sie sich auf, recken sich, machen sich also groß: Sie heben den Kopf und schau-

en dem Gegner in die Augen. Die Rute wird hoch getragen. Das Fell kann leicht gesträubt sein.

Manchmal harnt der Hund, der sich überlegen fühlt, auch und kratzt mit den Hinterpfoten über den Untergrund. Bei Rüden, die sich begegnen, erlebt man dies öfter. Kommt ein Hund dem anderen zu nahe oder fühlt er sich von seinem Kontrahenten bedroht, kann es passieren, dass er sehr aggressiv reagiert, um den anderen in seine Schranken zu verweisen.

Warum ein Hund bellt

Der Wolf – von dem unser Haushund abstammt – bellt nicht, sondern heult. Warum also bellt ein Hund?

Das Bellen als Kommunikationsmittel des Hundes ist eindeutig eine Folge der Domestikation. Nur der

Haushund bedient sich dieses Ausdrucksmittels. Von allen Haustieren besitzt er den reichsten „Wortschatz".

Würde ein Wolf bellen, könnten ihn seine natürlichen Feinde hören und wüssten genau, wo er sich befindet. Wölfe heulen nur im Rudel, dann, wenn sie sich sicher fühlen. Natürliche Feinde fallen für den Haushund heute weg. Er bedient sich seiner Stimme als Kommunikationsmittel sowohl gegenüber Artgenossen als auch gegenüber seinem menschlichen Halter. Bellt zum Beispiel ein Hund hinter dem Zaun eines Grundstücks einen anderen an, der vorbeiläuft, heißt das: „Das ist mein Territorium, komm mir nicht zu nahe!" Bellt er, wenn Herrchen nach Hause kommt, so bringt er dadurch seine Wiedersehensfreude zum Ausdruck.

Jeder Hund hat eine sehr unterschiedliche Skala von Lautäußerungen zur Verfügung: Das geht vom Fiepen über Winseln bis hin zum Brummen, Kreischen oder Jaulen.

Ein Welpe lernt „sprechen"

Ein kleiner Hund kann nicht nach seiner Mutter rufen, aber er kann sehr früh schon winseln. Diese Laute lösen bei der Mutter ein fürsorgliches Verhalten aus: sie wendet den Kopf, sucht nach dem Hundebaby und bringt ihre Zitzen in die richtige Position, damit das Kleine trinken kann.

So genannte infantile (= kindliche) Verhaltensweisen behalten viele Hunde ihr Leben lang bei. Sie winseln, wenn sie auf ihre Bedürfnisse aufmerksam machen wollen: zum Beispiel fressen oder spazieren gehen.

Winselnde Laute können auch darauf hinweisen, dass der Hund Schmerzen hat, sich allein gelassen fühlt oder auch, dass er sich freut. Richtig bellen können Hunde erst mit 1 bis 2 Monaten.

Was der Hund uns wie sagen will

Die verschiedenen Lautäußerungen des erwachsenen Hundes sind – je nach Situation – auch mit bestimmten Körperhaltungen verbunden:

◆ Ein Hund, der sich freut, winselt, umspringt seinen Herrn und wedelt mit dem Schwanz.

◆ Der Hund, der fremde Schritte auf der Treppe hört, schlägt an, um sein Revier zu verteidigen und nimmt dabei die Imponierhaltung ein.

◆ Manchmal jaulen Hunde, weil sie sich verlassen fühlen. In kleinen

Dörfern kann man das sehr gut beobachten: Wenn die Nacht hereingebrochen ist, beginnt ein Hofhund zu bellen, und andere fallen sofort ein.

◆ Hunde heulen auch, wenn ihnen Töne unangenehm sind: Kirchenglocken zum Beispiel oder Sirenen.

◆ Bei einem Jagdhund wie dem Jack Russell Terrier gilt das Bellen als Tugend: Er zeigt dem Jäger durch verschiedene Lautäußerungen an, was er gerade tut. Da gibt es den atemlosen Sicht- oder Hetzlaut, den der Hund ausstößt, wenn er Wild verfolgt. Hat er eine Fährte gefunden, gibt er den sogenannten Spurlaut von sich, hat er es dann gefunden („gestellt"), verbellt er das Wild mit dem Standlaut.

Die richtige Ernährung

Etwas Erfahrung ist erforderlich, um das optimale Futter für einen Hund zu finden. Dabei kommt es sowohl auf die Zusammensetzung an, über die später noch gesprochen wird, als auch auf die Menge. Ein Welpe frisst im Verhältnis zu seiner Körpergröße doppelt so viel wie ein erwachsener Hund (allerdings kann er mit seinem kleinen Magen keine großen Mengen aufnehmen und muss daher zunächst viermal am Tag gefüttert werden). Jagdhunde brauchen einen höheren Eiweißanteil im Futter als Familienhunde. Trächtige Hündinnen benötigen eine höhere Nährstoffkonzentration und von der Menge her etwa doppelt so viel wie ein ausgewachsener Hund. Ein alter Jack Russell Terrier braucht zwar nicht mehr so viel Eiweiß, aber dafür mehr Kohlenhydrate.

Die Menge des Futters richtet sich auch nach dessen Beschaffenheit. Dosenfutter, das viel Wasser enthält, verfüttert man reichlich. Von stark konzentriertem Trockenfutter hingegen reicht eine kleine Menge, da es in Wasser eingeweicht wird. Genaue Grammzahlen kann man hier nicht angeben, denn die Produkte unterscheiden sich von Hersteller zu Hersteller, auch ist jeder Hund ein anderer Futterverwerter. Als Faustregel gilt: Wenn Sie die Rippen Ihres Hundes zwar erfühlen, aber nicht sehen können, ist er richtig ernährt. Beim Füttern kommt es vor allem auf drei Dinge an:

◆ auf die möglichst frische Zubereitung
◆ auf die zimmerwarme Temperatur des Futters
◆ auf regelmäßige Zeiten

Das Futter für Ihren Hund sollte immer frisch zubereitet sein. Trockenfutter muss man vorher etwa 10 Minuten in warmem Wasser einweichen. Länger als 20 Minuten brauchen Sie den Futternapf nicht stehen lassen. Dann hat Ihr Hund genug, alles andere wäre nur noch „Nascherei". Werfen Sie die Reste der Mahlzeit weg und füttern Sie beim nächsten Mal weniger.

Nach dem Essen wird erstmal ein Nickerchen gehalten

Was sollte auf dem Speisezettel stehen?

Wölfe fraßen ihre Beute mit Haut und Haar. Sie vertilgten Innereien ebenso wie den Mageninhalt der Beutetiere, der aus halbverdautem Gras bestand. Hunde als Abkömmlinge der Wölfe sind daher keineswegs nur Fleischfresser – sie brauchen Fleisch und Pflanzenkost (zum Beispiel Getreideflocken), und zwar etwa im Verhältnis 60:40.

Der Fleischanteil (Proteine) kann aus Pansen, Innereien (Herz, Leber und Lunge) sowie aus Muskelfleisch bestehen. Das Verfüttern von Fleischabfällen allein ist der Gesundheit Ihres Hundes in jedem Fall abträglich. Zwar hält sich das Gerücht, dass es mit saftigen Knochen vom Metzger getan sei, hartnäckig, doch eine artgerechte Hundenahrung muss viel mehr enthalten. Auch das ausschließliche Verfüttern von Fleisch ist ungesund – wegen des hohen Eiweißanteils kann dadurch auch das Entstehen von Ekzemen begünstigt werden.

Wichtig: Machen Sie nicht den Fehler, rohes Fleisch zu verfüttern (siehe Kapitel „Die Gesundheit" Seite 75 ff.), denn die Gefahr der Keimübertragung ist viel zu groß, Die ausschließliche Gabe von rohem Fleisch kann zudem krank machen: Sie führt zu Mangelerscheinungen, weil der pflanzliche Anteil des Futters fehlt.

▮▮▮ Kohlenhydrate sind in Getreidesorten (für den Hund in Flockenform) zu finden, etwa in Mais, Hafer, Weizen und Gerste. Auch gekochte Kartoffeln, Nudeln und manches Gemüse dienen als Energiespender.

▮▮▮ Auch Fett benötigt Ihr Hund, wenn auch nur in geringen Mengen. Die leichter verdaulichen ungesättigten Fettsäuren sind in Margarine oder kaltgepressten Pflanzenölen zu finden.

Kochen Sie das Futter selbst, sollten Sie spezielle Vitamintropfen (Zoofachhandel) hinzufügen. In Fertigfutter sind Vitamine meist in ausreichender Menge enthalten.
Welpen und Junghunde brauchen viel Kalzium. Mischen Sie einmal pro Woche einen Becher Jogurt oder Quark unter das Futter. Das stärkt den Knochenbau.
Ob Ihr Hund gut und artgerecht ernährt ist, erkennen Sie daran, dass er gesund aussieht und sich munter verhält: Er hat glänzendes Fell, ist lebhaft und verspielt. Vor allem am Kotabsatz können Sie überprüfen, ob das Futter das passende für Ihren Hund ist: Der Haufen sollte relativ klein und wohlgeformt sein, er sollte weder unangenehm stinken noch eine grellbunte Farbe haben (das weist auf Färbemittel hin).

Wasser nicht vergessen!
Hunde brauchen viel Wasser. Sie sollten zweimal am Tag den Napf neu füllen, der im Übrigen – wie der Fressnapf – täglich mit heißem Wasser und Spülmittel ausgewaschen werden muss. Das Wasser sollte für Ihr Tier jederzeit erreichbar sein.

▮▮▮ *Ein Wassernapf tut's aber auch …*

Unser Tipp

Täglich 1 Esslöffel Keimöl im Futter Ihres Jack Russell Terriers lässt sein Fell glänzend und gesund aussehen.

Fertignahrung oder selbst zubereitetes Futter?

Vorteile des Fertigfutters

Die Zusammensetzung des modernen Fertigfutters, das nicht nur im Fachhandel, sondern auch in Supermärkten erhältlich ist, berücksichtigt sowohl das Alter eines Hundes als auch dessen Größe, seine Konstitution und die Aufgaben, die er zu bewältigen hat. Beispiel: Für Hütehunde, die sich viel bewegen müssen, gibt es ein ganz spezielles Hochleistungsfutter, das für einen Haushund zu stark konzentriert wäre. Auch an übergewichtige Tiere hat die Futtermittelindustrie gedacht und „light"-Produkte entwickelt. Und nicht zuletzt brauchen Welpen hochwertiges Futter.
Sowohl die Konserven als auch das Trockenfutter eignen sich als alleinige Ernährung. Feuchtfutter aus der Dose ist allerdings auf die Dauer gesehen teurer, da Ihr Vierbeiner im Vergleich zum Trockenfutter mehr davon braucht. Ihrem Hund wird auch eine Mischung aus

> ### Unser Tipp
>
> **Die Gabe eines guten Trockenfutters, dem Alter und den Lebensumständen des Hundes angepasst, erspart das Studium vieler Ernährungstabellen. Mangelerkrankungen können so vermieden werden; das Trockenfutter eignet sich für eine ausgewogene Ernährung.**

Trocken- und Feuchtfutter schmecken.
Wenn Sie ganz sicher sein wollen, dass Sie bei der Fütterung Ihres Jack Russell Terriers nichts falsch machen, sollten Sie sich vorher in einem Zoofachgeschäft oder vom Tierarzt beraten lassen.

Wenn Sie selbst kochen möchten, ...

In diesem Falle müssen Sie besonders auf die Zusammensetzung des Futters achten: Zu ungefähr zwei Drittel sollte die Nahrung aus Eiweiß im weitesten Sinne bestehen, zu einem Drittel aus pflanzlicher Kost.

Trockenfutter bedarf keiner komplizierten Zubereitung

Wie oft und wie viel sollte man füttern?	
Alter des Hundes	**Häufigkeit der Fütterung**
8. Woche bis 4. Monat	4 x täglich, zum Beispiel: 8 Uhr, 11 Uhr, 14 Uhr, 17 Uhr
5. und 6. Monat	3 x täglich, zum Beispiel: 9 Uhr, 13 Uhr, 17 Uhr
bis 1 Jahr	2 x täglich, morgens und abends
ab 1 Jahr	1 x täglich, am besten gegen 17 Uhr

Wichtig: Füttern Sie Ihren Hund niemals ausschließlich oder zu einem großen Teil mit Küchenabfällen. Gewürztes Essen macht ihn krank. Unsere Mischkost eignet sich nicht für den Hundemagen. Salz, das in unserem Essen reichlich enthalten ist, schädigt seine Nieren und kann zu Ekzemen führen.

Der Eiweißanteil im Hundefutter kann sich aus Fleisch (zu einem Teil aus Innereien), Fisch, Vollmilchpulver, Quark, Ei oder Jogurt zusammensetzen. Haferflocken, Nudeln oder gekochter Reis sorgen für die

Kohlenhydrate im pflanzlichen Anteil, rohes oder gedünstetes Gemüse kann zusätzlich gegeben werden. Vitamintropfen und eine Mineralstoffmischung runden das Ganze ab. Wenn Sie nicht die Zeit haben, jede Mahlzeit für Ihren Vierbeiner frisch zuzubereiten, können Sie auch auf Vorrat kochen und das Ganze dann portionsweise einfrieren. Selbstverständlich darf keine Art von Futter jemals direkt aus dem Kühlschrank gegeben werden.
Hunde fressen besonders gern den so genannten grünen Pansen (ungereinigter Kuhmagen). Wenn Sie Ihrem Hund diesen „anrüchigen" Gefallen tun wollen: Schneiden Sie den Pansen in Stücke, stecken Sie ihn in Plastikbeutel und frieren Sie alles ein. Die (im Beutel) aufgetauten Teile kann Ihr Vierbeiner dann im Garten fressen.

Haltung und Pflege

Bewegung muss sein

Der Jack Russell Terrier ist ein sehr lebendiger Hund. Er scheint über schier unerschöpfliche Energien zu verfügen. Ein ausgeprägter Bewegungsdrang kennzeichnet diese Rasse.

Das macht durchaus Sinn: schließlich ist der Jack Russell ein Jagdhund, der in der Lage sein muss, das Wild auch über lange Strecken hinweg zu verfolgen. Es ist ratsam, diesem Hund eine sinnvolle Beschäftigung zu geben, damit er seine positiven Eigenschaften, die ihn zu einem wunderbaren Kameraden für die ganze Familie machen, entfalten kann. Denn wer hat es schon gern, wenn sein Vierbeiner gelangweilt und ruhelos durch die Wohnung läuft? Ausführlich beschäftigt sich das nächste Kapitel mit dem Thema Spiel und Sport – siehe Seite 68 ff.

Richtig spazieren gehen

Regelmäßige und ausreichende Bewegung ist für Ihren Hund von großer Bedeutung. Dreimal täglich muss er hinaus: zwei Spaziergänge können kürzer sein, einer sollte mindestens 1 Stunde dauern. Ihr Jack Russell Terrier braucht Zeit, um alles zu erkunden – Hunde erschnüffeln ihre Umgebung –, und er muss ausreichend Gelegenheit haben zu laufen.

Vorsicht ist beim Waldspaziergang geboten. Bevor Sie sich mit Ihrem Hund ins Dickicht wagen, muss er zuverlässig gehorchen! Insbesondere im Frühjahr, wenn das Wild seine Jungen zur Welt bringt, ist die Gefahr groß, dass die angeborene Jagdleidenschaft Ihren Jack Russell Terrier einmal durchgehen lässt. Denken Sie daran: Der Förster darf einen Hund, der ohne erkennbare Aufsicht umherstrolcht, erschießen. Sorgen Sie dafür, dass Ihrem Hund beim Spazierengehen nicht langweilig wird: Verstecken Sie sich und lassen Sie ihn suchen, werfen Sie Stöckchen, damit ist er abgelenkt. Kaum ein Hund liebt es, einfach nur hinter Herrchen herzutrotten. Gestatten Sie eine Begrüßung, wenn Sie auf Ihrem Weg andere Hunde treffen. Je öfter Ihr Vierbeiner die Möglichkeit hat, Artgenossen zu begegnen, desto angenehmer werden sich Ihre gemeinsamen Spaziergänge gestalten. Ihr Jack Russell Terrier stürzt sich nicht in blinder Wut auf andere Hunde, wenn er das Einmaleins der Kommunikation beherrscht. Leider gibt es immer wieder Menschen, die schon beim Anblick eines fremden Hundes ihren eigenen an die Leine nehmen und ihn hastig am anderen vorbeiziehen. Leinen auch Sie Ihren Vierbeiner dann an – denn entweder sollten beide frei oder beide unter Kontrolle sein. Schaffen Sie es einmal nicht schnell genug, Ihren Jack Russell Terrier von der Leine zu nehmen, wenn sich ein frei laufender Hund nähert, dann lassen Sie die Leine am besten einfach los. Er hat sonst keine Möglichkeit, ungehindert zu agieren.

Die Körperpflege

Das Haarkleid

Der Jack Russell Terrier ist nicht nur robust, auch sein Fell ist einfach zu pflegen.
Bei der rauhaarigen Variante muss der Fachmann vier- bis fünfmal im Jahr ran: Diese Terrierrasse sollte man trimmen. Das bedeutet – anders als das Scheren beim Pudel –, dass die toten Haare mit einem speziellen Messer herausgezupft werden. Die Prozedur ist für den Hund nicht schmerzhaft, im Gegenteil: sie befreit ihn von lästigem, juckendem Haar, das er sonst nur durch ausgiebiges Kratzen und Schütteln loswird. Gönnen Sie Ihrem Vierbeiner diese Art der Schönheitspflege.
Ein Hund, der von klein auf daran gewöhnt ist, getrimmt zu werden, wird keine Schwierigkeiten machen. Oft bietet auch der Züchter das Trimming an. Wer es selbst ausprobieren möchte: Das Haar des Jack Russell Terriers muss rundum gleichmäßig ausgezupft werden, nur am Bart bleibt es etwas länger stehen. Lassen Sie es sich einmal vom Fachmann zeigen. Viele Hundevereine bieten für ihre Mitglieder regelmäßig Trimmkurse an.
Kurzhaarige Jack Russell sollte man ab und zu bürsten. Ist Ihr Hund einmal schmutzig, lassen Sie das Fell zuerst trocknen und bürsten Sie den Dreck dann einfach heraus.
Baden sollte man den Hund nur, wenn es unvermeidbar ist. Dafür gibt es spezielle rückfettende Shampoos. Ersparen Sie dem Tier eine „parfümierte" Wäsche, es wird diesen Geruch nicht mögen.

Die Pfoten

Bereits als Welpen kann man seinen Hund daran gewöhnen, sich die Pfoten abputzen zu lassen. Ein altes Handtuch, das in der Nähe der Haus- oder der Wohnungstür liegt, kann dabei sehr hilfreich sein. Sie haben es dann gleich zur Hand, wenn Sie von einem Spaziergang mit Ihrem Hund zurückkehren.

Augen- und Ohrenpflege

Es genügt, die Augenränder Ihres Hundes ab und zu mit warmem Wasser zu säubern. Wirken die Augen entzündet, kann man auch lauwarmen Kamillentee verwenden. Gerade Hunde mit Schlappohren neigen zu Verschmutzungen im Gehörgang. Schüttelt Ihr Hund sich auffällig oft oder kratzt er sich an

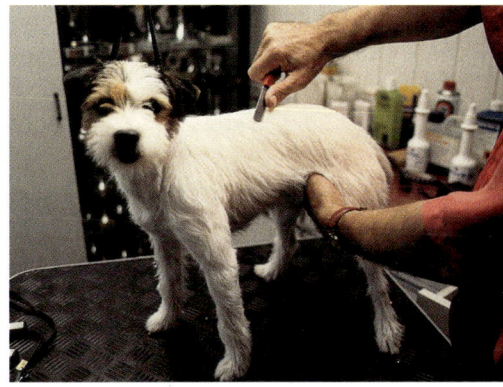

Rauhaarige Jack Russell Terrier müssen am ganzen Körper gleichmäßig getrimmt werden

den Ohren, ist es Zeit einmal nachzuschauen, denn der Schmutz kann zu Entzündungen führen.
Der Tierarzt hat einen speziellen Ohrreiniger. Feuchten Sie damit einen Wattepad an, mit dem Sie Ihrem Hund das Ohr kräftig ausreiben.

Wichtig: Benutzen Sie lieber keine Wattestäbchen, damit können Sie leicht einmal zu tief geraten und das Trommelfell verletzen.
Für ganz hartnäckige Fälle wird Ihnen der Tierarzt eine Paste verschreiben, die auch den Schmutz in den tiefsten Tiefen löst. Aber lassen Sie es am besten gar nicht so weit kommen!

Unser Tipp

Im Winter, wenn überall Streusalz und Splitt liegen, sollten Sie dem Hund vor Spaziergängen die Pfotenballen mit Vaseline oder einer speziellen Bienenwachs-Creme aus dem Zoofachgeschäft einzureiben. Gerade das Salz erzeugt sonst Risse und schmerzhafte Schrunden.

Die Krallen

Normalerweise nutzen sich Hunde-krallen von selbst ab und behalten so die richtige Länge. Läuft Ihr Jack Russell Terrier jedoch häufig über weichen Waldboden und wenig über Asphalt, kann es sein, dass die Kral-len zu lang werden. Falls Sie sie mit einer Spezialschere selbst schneiden,

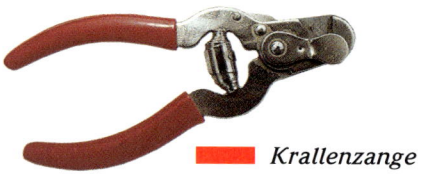

Krallenzange

passen Sie auf, dass Sie die feinen Blutgefäße, die dort entlanglaufen, nicht verletzen. Gegen eine geringe Gebühr erledigt auch der Tierarzt das Krallenschneiden.

Unbedingt entfernt werden müssen auch die so genannten „Wolfskral-len" (Anhängsel an der Hinterpfote). Sie weisen stammesgeschichtlich auf die Verwandtschaft mit dem Wolf hin; für den Hund sind sie nur hin-derlich. Leicht kann er mit diesen Krallen an irgendetwas hängen blei-ben, meist reißen sie dann ein und beginnen zu bluten.

Normalerweise lässt bereits der Züchter die Wolfskrallen entfernen; wenn dies nicht geschehen ist, soll-ten Sie es unbedingt nachholen.

Der Jack Russell im Urlaub

Hunde sind keine Einzelgänger, son-dern Rudeltiere. Das trifft selbstver-ständlich auch für den Jack Russell Terrier zu. Am wohlsten fühlt er sich in Gesellschaft „seines" Men-schen, der Bezugsperson, die er als Rudelführer akzeptiert.

Das gilt auch für den Urlaub. Neh-men Sie daher Ihren Hund mit, wann immer es möglich ist. In der Verbandszeitschrift des VdH und in Hundezeitschriften finden Sie Adres-sen von Hotels und Pensionen, die auch auf die Unterbringung von Hunden eingestellt sind. Darüber hinaus gibt es Adressenlisten von Ferienhäusern, in die man den eige-nen Vierbeiner mitbringen darf. Auch herkömmliche Hotels haben oft nichts dagegen, gut erzogene Hunde zu beherbergen. Lassen Sie

Unser Tipp

Auf Auslandsreisen sollten Sie Ihren Vierbeiner besser nicht mit-nehmen, denn es bestehen teil-weise sehr strenge Quarantäne-bestimmungen, aufgrund derer Ihr Hund wochenlang von Ihnen getrennt sein müsste.

sich jedoch bei der Buchung schriftlich bestätigen, dass Ihr Jack Russell Terrier willkommen ist. Das kann Ihnen im Zweifelsfall – wenn sich ein Gast durch die Anwesenheit des Tieres belästigt fühlt – sehr viel Ärger ersparen.

Ratsam ist es auch, auf einer Reise ein paar Dinge mitzunehmen, die Ihrem Hund vertraut sind:

◆ seine Decke
◆ den Fressnapf
◆ das übliche Futter
◆ einen Kauknochen

Wenn Sie mit Ihrer Familie an die See fahren, bedenken Sie, dass das Mitführen von Hunden an den meisten Badeständen verboten ist. (Es sei denn, es handelt sich um einen Privatstrand oder einen speziell ausgeschilderten Hundestrand).

Wie verreisen?

◆ *Mit dem Auto*

Hat der Hund genügend Platz zur Verfügung, ist es für ihn die bequemste Art zu reisen. Der Reisestress für das Tier wird durch direkten Kontakt zu Ihnen und Ihrer Familie vermindert. Sprechen Sie oft mit ihm, das beruhigt ihn, wenn er nervös wird.

Ideal ist ein Kombifahrzeug, bei dem der hintere Teil des Autos durch ein Hundeschutzgitter abgetrennt ist, so dass keine Gefahr besteht, dass das Tier bei scharfem Bremsen in den Fahrgastraum geschleudert wird. Außerdem kann der Hund nicht unverhofft nach vorn klettern und so den Fahrer irritieren oder gefährden. Einige Dinge sollten Sie beachten, wenn Sie mit Ihrem Vierbeiner auf Reisen gehen:

◆ Nehmen Sie ausreichend Wasser für die Fahrt mit und tränken Sie Ihren Hund stündlich einmal.
◆ Geben Sie ihm öfter Gelegenheit, sich zu lösen.
◆ Rauchen Sie nicht im Auto, denn Ihr Hund wird den Zigarettenrauch ganz und gar nicht mögen.
◆ Sorgen Sie dafür, dass Ihr vierbeiniger Begleiter im Auto eine weiche Unterlage hat.

◆ *Mit der Bahn*

Zugfahren ist keine optimale Beförderungsweise für einen Hund. Lange Bahnfahrten sollte man seinem Vierbeiner nicht zumuten, denn er muss in regelmäßigen Abständen genügend Zeit haben, um sich zu lösen, und die ist bei den Kurzaufenthalten auf den Bahnhöfen in den seltensten Fällen gegeben.

Hunde fahren bei der Bahn zum halben Preis eines Erwachsenen. Nehmen Sie Leine und Maulkorb mit, um zu gewährleisten, dass der Hund jederzeit unter Ihrer Kontrolle ist. Da das Reisen mit der Bahn für Ihren Vierbeiner in aller Regel ungewohnt ist, werden ihn die schlingernden und ruckenden Bewegungen des Abteils wahrscheinlich ängstigen. Halten Sie deswegen Körperkontakt zu ihm.

Im Abteil muss auf Mitreisende Rücksicht genommen werden. Der Hund sollte weder unangenehm riechen noch allzu viel Platz einnehmen.

Unser Tipp

Da Sie mit Ihrem Hund nicht ins Zugrestaurant gehen dürfen, nehmen Sie sich für die Fahrt etwas zum Essen mit.

◆ Mit dem Flugzeug

Bei Flugreisen kann man den Hund bis zu einem Gewicht von 6 kg mit in den Passagierraum nehmen. Größere Tiere, die diese Gewichtsgrenze überschreiten, werden in einer speziellen Jet-Box (die Sie kaufen müssen) im klimatisierten Frachtraum untergebracht.

Diese stabile Kunststoffbox eignet sich sowohl für den Transport von Hunden im Auto wie auch im Flugzeug

Die meisten Flugreisenden gewöhnen ihren Vierbeiner, wenn er denn schon eine solche Tortur auf sich nehmen muss, bereits zu Hause an die Jet-Box. Sie besteht aus stabilem Plastik und besitzt an der Vorderseite eine Gittertür.

Während des Fluges haben Sie dann keine Möglichkeit mehr, Ihren Hund zu sehen. Auch diese Form des Verreisens sollten Sie nur in Betracht ziehen, wenn es unumgänglich ist. Im Frachtraum riecht es oft nach Kerosin, und die ungewohnten Bewegungen des Flugzeuges könnten Ihrem Hund Angst machen. Weder kranke Hunde noch trächtige Hündinnen dürfen mitfliegen.

Die Pflegestelle für den Jack Russell Terrier

Manchmal geht es einfach nicht anders: Der Hund muss zu Hause bleiben. Sicher haben Sie sich schon vor dem Kauf Ihres Jack Russell Terriers Gedanken darüber gemacht, wo Sie ihn in einem solchen Fall unterbringen können.

▪▪▪ Die beste Möglichkeit für die Pflege Ihres Hundes während einer längeren Abwesenheit zu sorgen, ist der „Dogsitter": Jemand, der ihn bereits kennt und dem Sie vertrauen, zieht für die Dauer Ihrer Abwesenheit in Ihre Wohnung oder Ihr Haus ein. So ist nicht nur für das Wohl Ihres Vierbeiners gesorgt, sondern Ihr Haus ist zugleich vor Einbrechern geschützt.

▪▪▪ Ihr örtlicher Tierschutzverein bietet die Aktion: „Nimmst du mein Tier, nehm' ich dein Tier": Das ist Dogsitting auf Gegenseitigkeit. Nehmen Sie sich ausreichend Zeit, um die Gastfamilie vorher kennenzulernen. Ausschlaggebend ist natürlich, ob Ihr Vierbeiner sich mit dem anderen Hund verträgt.

▪▪▪ Fragen Sie den Züchter bereits beim Kauf des Hundes, ob die Möglichkeit besteht, ihn während des Urlaubs zu ihm einmal in Pflege zu geben.

▪▪▪ Auch das Aufgeben einer Kleinanzeige in Ihrer Tageszeitung kann eine gute Idee sein: Es gibt viele tierliebende Menschen, die zwar keinen eigenen Hund besitzen möchten, aber gern einmal einen in Pflege nehmen. Probieren Sie es aus.

▪▪▪ Auch eine Tierpension, gerade, wenn sie klein ist, kann eine Alternative sein. Doch es gibt auf diesem Gebiet zahlreiche schwarze Schafe. Daher sollten Sie sich die Pflegestelle vorher unbedingt genau ansehen, um sicherzugehen, dass Ihr Hund in guten Händen ist.

Spiel und Sport für den Jack Russell Terrier

Spielen als Ersatz für fehlende Aufgaben

Spielen ist außerordentlich wichtig für jeden Hund, denn den Begleithunden von heute fehlt die Aufgabe, die Hunden früher ganz selbstverständlich zugeteilt war: Der Hofhund bewachte die Gebäude und das Vieh, der Hütehund half dem Schäfer, der Jagdhund dem Jäger. Vielfältig waren die Aufgabenstellungen. Reine Begleithunde gab es selten, und wenn, dann waren das meist Schoßhunde reicher Damen. Heute hat sich diese Situation grundlegend gewandelt. Es gibt mehr Begleithunde als solche, die einen speziellen Dienst (zum Beispiel bei der Polizei) zu verrichten haben.
Unserem Jack Russell Terrier liegt das Arbeiten im Blut. Er ist von unerschöpflicher Energie, und man sollte ihn nicht allzu oft ohne Beschäftigung lassen, denn wenn ein Hund sich langweilt, sucht er sich irgendetwas, um dieser Langweile zu entfliehen: Löcher buddeln im Garten oder Schuhe zerbeißen sind da noch harmlose Varianten. Braucht Ihr Hund ein Ventil, um seinen Bewegungsdrang abzureagieren, gibt es jenseits von Hundeplatz und Prüfungen ein ganz einfaches Mittel: Spielen.

Spielmöglichkeiten draußen und drinnen

Um sich ein Spiel auszudenken, das den Hund auslastet und ihm Spaß bereitet, sollte man sich klarmachen, dass alle Hunde bestimmte Dinge mögen:
◆ Sie lieben es zu laufen und zu tollen
◆ Sie jagen gern hinter etwas her (Jagdtrieb)
◆ Hunde reißen und zerren gern an etwas herum; sie schütteln ihre Beute
◆ Sie lieben es, wild zu raufen
◆ Sie graben etwas aus, das in der Erde versteckt wurde

Anstelle eines „normalen" Spaziergangs können Sie sich etwas einfallen lassen, um den Gang damit für Ihren Vierbeiner zu einem Abenteuer zu machen.

■■■■ Verstecken Sie etwas vor seinen Augen (unter Laub, in der Erde), wonach er auf dem Rückweg suchen kann.

■■■■ Lassen Sie den Hund auf einem Baumstamm balancieren und gehen Sie nebenher. Das trainiert sein Körpergefühl und könnte die Vorstufe zu Agility (siehe Seite 73 f.) sein.

■■■■ Werfen Sie einen Stock weit von sich und lassen Sie den Hund ihn apportieren. Dann können Sie entweder ein wildes Rauf- und Zerrspiel veranstalten oder Ihrem Vierbeiner den Auftrag geben, den Stock bis nach Hause zu tragen. Er wird diesen Befehl voller Stolz ausführen.

■■■■ Versteckspiele kann man natürlich auch mit dem Lieblingsball des Hundes machen. Sie müssen nur darauf achten, dass Sie ihn nicht so gut verstecken, dass weder Ihr Vierbeiner noch Sie ihn wiederfinden!

■■■■ *Irgendwo hier unten muß das Bällchen sein!*

Gerade bei jungen Hunden ist das Raufen sehr beliebt. Es ist eine gute Gelegenheit, ihnen klarzumachen, dass ihre Zähne Schmerzen verursachen können. Beharren Sie stets darauf, der Rudelführer zu sein. Auch in der Wohnung kann man spielen. „Verstecken" Sie einmal vor den Augen Ihres Hundes einen Ball unter dem Teppich. Ungeduldig wird er zunächst versuchen, ihn von oben herauszubekommen und erst mit der Zeit verstehen, dass er den Teppich hochschieben muss. Lassen Sie ihn an einem alten Handtuch ziehen oder rollen Sie einen Ball vor ihm her. Es gibt viele Möglichkeiten, einen Hund auch in der Wohnung zu beschäftigen – ohne dass wertvolle Möbel und Vasen dabei zu Bruch gehen.

Spielen – wichtig für die Entwicklung

Spielen muss sein. Es ist erwiesen, dass Hunde, die von klein auf viele verschiedene Spiele kennen gelernt haben, als erwachsene Tiere ein ausgeprägtes Reaktionsvermögen besitzen. Sie kommen auch besser mit ungewohnten Situationen klar. Und zudem fördert das Spielen das Zusammengehörigkeitsgefühl von Herr und Hund.

Auch viele Züchter haben erkannt, dass die Möglichkeit zum Spielen einen positiven Einfluss auf die Entwicklung des Welpen hat, und bieten den kleinen Hunden in ihrem Auslauf einen richtigen „Abenteuerspielplatz". Da gibt es beispielsweise

◆ die Wippe – ein Brett, das über ein Rundholz gelegt wird –, auf dem die Welpen ihr Körpergefühl erfahren können und das Balancehalten lernen.

◆ ein Quietschtier am Seil, das sich – an einen Ast gehängt – zur „Beute" umfunktionieren lässt.

◆ Holzpaletten unterschiedlicher Höhe, auf denen der Welpe das Treppensteigen trainieren kann.

Hundesport

Durch Wald und Flur: Reitbegleitung

Sind Sie ein begeisterter Reiter? Haben Sie ein eigenes Pferd? Und träumen Sie davon, mit Pferd und Hund durch Wald und Wiesen zu streifen? Kein Problem, wenn Sie einige Dinge beachten! Idealerweise ist Ihr Jack Russell Terrier bereits als Welpe an Pferde oder Ponys gewöhnt worden. Lassen Sie ihn im Stall herumlaufen, wenn

Wenn keiner kommt, reite ich allein los!

Sie Ihr Pferd pflegen, oder nehmen Sie ihn beim Gang zur Koppel mit. Wenn sie sich als erwachsene Tiere begegnen, müssen sich Hund und Pferd erst aneinander gewöhnen. Dazu lassen Sie das Pferd von einem Helfer ans Halfter nehmen und führen Ihren Hund nebenher. Halten Sie bei Anzeichen von Nervosität lieber Abstand. Sind die beiden neugierig aufeinander, lassen Sie sie ruhig zueinander. Und vergessen Sie nicht, die Tiere zu streicheln und mit Leckerbissen zu belohnen, wenn sie erwünschte Reaktionen zeigen.

Wichtig: Lassen Sie keinesfalls zu, dass der Hund dem Pferd kläffend an die Beine geht. Das könnte das Verhältnis der Tiere zueinander sehr beeinträchtigen. Das Pferd wird den Hund fürchten, der Hund das Pferd nicht mehr respektieren – mit gefährlichen Folgen, wenn ein Reiter auf dem Pferd sitzt: Manche Pferde gehen durch, andere keilen aus oder werfen den Reiter ab, um in Panik vor dem Hund zu flüchten.

All das können Sie vermeiden, wenn Sie die Tiere behutsam zueinander hinführen.

Um Hund und Pferd allmählich aneinander zu gewöhnen, empfehlen sich anfangs kurze Spaziergänge, die Sie dann in der Folge beliebig ausdehnen können.

Der erste Ausritt

Beim ersten gemeinsamen Ausflug kann der Helfer den Hund angeleint führen, während Sie auf dem Pferd sitzen. Als Gangart empfiehlt sich der langsame Schritt. Wenn Sie das Ganze auf einer eingezäunten Koppel vonstatten gehen lassen, kann nichts passieren.

Sobald Sie merken, dass die Tiere einander respektieren und aufeinander Rücksicht nehmen, können Sie sich ins freie Feld wagen. Der zuverlässige Gehorsam Ihres Hundes ist eine wichtige Voraussetzung dafür. Beim Überqueren einer Straße muss Ihr Hund auch auf „Sitz!" und „Platz!" hören, wenn Sie das Kommando vom Sattel aus geben.

Der Jack Russell Terrier ist kleiner als die meisten anderen Jagdhunde. Achten Sie darauf, dass er bei einem Ausritt körperlich nicht überfordert wird. Nehmen Sie ihn ruhig zu sich auf den Sattel (auch das muss natür-

lich vorher geübt werden!), wenn Sie Anzeichen von Übermüdung feststellen. Jack Russell Terrier sind zwar Temperamentsbündel, doch gerade bei warmem Wetter sollten Sie genau beobachten, ob der Hund zurückfällt oder auffällig hechelt und Schatten sucht. Sein Herz-Kreislauf-System darf nicht überstrapaziert werden.

Normalerweise verträgt sich der Jack Russell Terrier hervorragend mit Pferden. Er ist daher sowohl bei Freizeitreitern als auch bei der Jagd zu Pferde als Begleithund beliebt.

Sport ohne Stress: Agility

Diese immer populärer werdende Form des Hundesports kommt aus England. Agility läuft im Wesentlichen so ab: Der Hund muss bestimmte Hindernisse, die in Form eines Parcours angeordnet sind, überwinden. Dabei läuft der Besitzer nebenher und gibt die nötigen Anweisungen. Wer einmal so ein Paar beobachtet, wird feststellen, dass es beiden großen Spaß machen kann.

Agility eignet sich sehr gut für den Jack Russell Terrier, denn hier kommt es auf das Zusammenspiel von Mensch und Tier an. Haben die beiden eine vertrauensvolle Bindung

■ *Agility basiert auf einer engen und vertrauensvollen Bindung zwischen Hund und Halter*

◆ Der Slalom stellt die Wendigkeit des Hundes unter Beweis.
◆ Im Tunnel muss der Terrier Mut zeigen, beim Sprung durch den Reifen Augenmaß und Kraft.

Diese Übungen erfordern eine Menge Training und viel Geduld! Aber es lohnt sich: Für sportliche Menschen ermöglicht es die Kombination aus eigener Bewegung und Spiel mit dem Hund.

und sind sie gut trainiert, gelingt auch der gemeinsame Sport.
Bei den Übungen, die der Hund zu bewältigen hat, muss er gleichzeitig verschiedene Fähigkeiten unter Beweis stellen:
◆ Zum Bewältigen des Laufstegs braucht er Körperbeherrschung.
◆ Auf der Wippe zeigt der Hund, dass er sich konzentrieren kann.
◆ Geschicklichkeit und Sprungkraft werden auf der Schrägwand und dem Tisch getestet.
◆ Auf der Buschhürde, dem Viadukt und der Mauer kommt es besonders auf Furchtlosigkeit und auf Vertrauen zum Besitzer an.

Etwas für Temperamentsbündel: Flyball

Der kleine, wendige und dabei springlebendige Jack Russell Terrier ist geradezu geschaffen für diesen lustigen Sport, der sowohl den Zuschauern als auch dem Hund immer großen Spaß bereitet.
Flyball stammt aus Amerika. Es gibt zwei Teams mit jeweils vier Hunden. Die Tiere müssen einzeln eine Strecke mit vier Hürden zurücklegen, an deren Ende die so genannte Ballmaschine steht. Dort betätigen sie mit der Pfote einen Hebel, der den Ball in die Luft fliegen lässt. Die Aufgabe des Hundes besteht nun darin, ihn zu fangen und ihn unversehrt zurückzubringen. Das Team, dessen Hunde zuerst vollzählig im Ziel sind, hat gewonnen.

Die Gesundheit

Generell gilt: Ausgewogene Ernährung und genügend Bewegung sind die besten Voraussetzungen für die Erhaltung der Gesundheit Ihres Vierbeiners. Dennoch aber darf man nicht auf die Impfungen vergessen, durch die allein der Hund vor bestimmten Krankheiten geschützt ist.

Wichtige Vorbeugung: die Impfungen

Mit der Muttermilch bekommt der Welpe alle nötigen Abwehrstoffe, die ihn gegen Infektionskrankheiten schützen. Doch sobald zugefüttert wird, sollte ein verantwortungsvoller Züchter den kleinen Hund grundimmunisieren lassen: Bereits mit 6 Wochen kann der Welpe – falls nötig – eine *Parvovirose*-Impfung bekommen. Im Alter von 8 Wochen erhält er die Fünffachimpfung gegen *Staupe, Hepatitis, Parvovirose, Zwingerhusten, Leberentzündung* und *Leptospirose.*
Diese Krankheiten waren noch vor wenigen Jahrzehnten für Welpen und erwachsene Hunde tödlich oder führten zu Dauerschäden. Jetzt, wo es den Impfschutz gibt, sollte sich jeder Hundehalter strikt an den Plan halten, der ihm mit dem Kauf des Hundes vom Züchter ausgehändigt wird.
Ist der Welpe 12 Wochen alt, ist bereits die Wiederholungsimpfung fällig. Die mütterlichen Abwehrstoffe sind nun nicht mehr wirksam. Durch diese letzte Fünffachimpfung ist der Hund 1 Jahr lang geschützt. Danach muss Ihr Jack Russell Terrier nur noch alle 12 Monate eine Spritze bekommen.

Ausreichende Bewegung fördert die Gesundheit Ihres Hundes

Impfplan	
6. Woche	eventuell Impfung gegen Parvovirose (nur bei Zucht mit gefährdetem Bestand nötig)
8. Woche	Impfung gegen Staupe, Leberentzündung, Leptospirose, Tollwut, Parvovirose, Zwingerhusten
12. Woche	Wiederholungsimpfung
jährlich	Auffrischung

Infektionskrankheiten

Wer schon einmal einen Hund an Staupe oder Leptospirose hat leiden sehen, weiß, dass es falsch und sogar fahrlässig ist, auch nur eine einzige Impfung zu versäumen. Gerade Welpen und Junghunde sind besonders anfällig für Infektionskrankheiten. Allerdings gibt es noch nicht für jede Infektionskrankheit einen entsprechenden Impfschutz. So ist man bislang gegen Toxoplasmose und die Aujeszkysche Krankheit (siehe Seite78) machtlos.
Im Folgenden seien drei der schwersten Erkrankungen kurz erläutert, gegen die zuverlässig geschützt werden kann. Beim erwachsenen Hund ist dabei nach der Grundimmunisierung eine Auffrischungsimpfung nur noch einmal im Jahr nötig.

Wichtig: Das gelbe Büchlein mit dem Namen des Hundes und der Adresse seines Besitzers sollten Sie immer mit sich führen. Der Tierarzt trägt hier auch stets den nächsten Impftermin ein.

Staupe

Diese Virusinfektion äußert sich durch kurzes, hohes Fieber, Ausfluss aus Nase und Rachen und Durchfall. Meist kommt noch eine Lungenentzündung hinzu. Das Staupevirus ist verwandt mit dem menschlichen Masernvirus. Die Übertragung erfolgt von Hund zu Hund. Nach überstandener Krankheit bleiben Bewegungsstörungen oder Lähmungen zurück, auch Krämpfe können auftreten.

Leptospirose

Bei dieser bakteriellen Infektion, die auch Stuttgarter Hundeseuche genannt wird, kann es zu Nierenerkrankungen und Harnvergiftungen kommen. Manchmal gehören auch blutiger Durchfall und eine Hinterhandschwäche zum Krankheitsbild. Eine andere Form der Leptospirose ist die Weillsche Krankheit. Sie bringt zusätzlich Gelbsucht mit sich (erkennbar an dem gelb verfärbten weißen Teil des Augapfels). Vorsicht: Sie ist auf den Menschen übertragbar!

Tollwut

Sie ist eine stets tödlich verlaufende Infektionskrankheit, die durch den Fuchs auf den Hund übertragen wird. Die Tollwut führt zu Schädigungen des Nervensystems und zu Lähmungserscheinungen im Kehlkopf. Der Tod tritt nach 3 bis 8 Tagen durch Lähmung der Atemwege ein.

Toxoplasmose und Aujeszkysche Krankheit

Mit der Infektionskrankheit Toxoplasmose steckt sich ein Hund an, wenn er mit einer infizierten Katze in Kontakt kommt. Die Überträger sind einzellige Schmarotzer, die sich überwiegend auf Katzen ansiedeln. Von dort – und nur von dort – kann die Toxoplasmose auch auf den Menschen übergehen. Katzen holen sich den Toxoplasmoseerreger übrigens, wenn sie befallenes rohes Schweinefleisch fressen. Wenn Hunde rohes Schweinefleisch verzehren, können sie sich mit dem Erreger der Aujeszkyschen Krankheit infizieren. Zu erkennen ist das daran, dass der Hund stark speichelt, Unruhe zeigt und Angstzustände hat. Der Tod tritt nach spätestens 2 Tagen ein.

Häufige Krankheitssymptome

Erbrechen

Haben Sie Ihren Hund schon einmal beim Grasfressen beobachtet? Die Experten streiten sich über den biologischen Sinn dieses Verhaltens. Allgemein angenommen wird jedoch, dass Hunde damit ihren Magen reinigen, denn sie geben das Gras unmittelbar nach der Aufnahme mitsamt dem übrigen Mageninhalt wieder von sich – also eine durchaus normale Verhaltensweise. Richtiges Erbrechen kann verschiedene Ursachen haben und sollte keinesfalls ignoriert werden:

■ *Durchaus normal: ein Hund auf der Suche nach saftigen Grasbüscheln*

◆ Es kann das erste Alarmzeichen für den Beginn einer ernsthaften Erkrankung sein.

◆ Mit starkem Durst kombiniert, kann Erbrechen auf eine Nierenerkrankung hindeuten.

◆ Mangelt es Ihrem Hund an Appetit, erbricht er und macht er noch dazu keinen Haufen, sollten Sie umgehend den Tierarzt aufsuchen, denn es könnte sich um einen Darmverschluss (Ileus) handeln, der rasch zum Tode führen kann und daher sofort operiert werden muss.

◆ Erbrechen kann ebenso auf eine Magenschleimhautentzündung, auf Wurmbefall, eine Vergiftung oder die Reisekrankheit hinweisen. Fragen Sie jedoch immer den Tierarzt und versuchen Sie nicht, Ihren Hund auf eigene Faust zu kurieren.

Durchfall

Falls Ihr Hund an Durchfall leidet, kann das verschiedene Ursachen haben, zum Beispiel Ernährungsfehler:

◆ War das Futter zu heiß oder kam es direkt aus dem Kühlschrank?

◆ Haben Sie ausschließlich Innereien verfüttert?

◆ Haben Sie von einem Tag auf den anderen die Futtermarke gewechselt?

Wichtig: Geben Sie Hundefutter immer zimmerwarm. Achten Sie auf Frische und Qualität. Beim Wechsel der Futtermarke sollten Sie dem Hund ein paar Tage Zeit lassen, sich daran zu gewöhnen und den Anteil des neuen Futters nach und nach erhöhen.

Unser Tipp

Lassen Sie Ihren Hund bei Durchfall 1 bis 2 Tage fasten und geben Sie ihm sehr dünnen schwarzen Tee zu trinken. Milch, Innereien und rohe Eier sollten jetzt tabu sein! Als erste Kost nach überstandenem Durchfall kann man auch Heilnahrung für Menschenbabys füttern (im Supermarkt erhältlich).

Fieber

Beim Jack Russell Terrier, der zu den kleinen Hunderassen gehört, beträgt die Normaltemperatur 38,5 bis 39 °C. Hat der Hund Fieber, signalisiert das

◆ eine Infektion
◆ eine Entzündung (zum Beispiel nach einer Beißerei)
◆ eine Vergiftung
◆ eine allergische Reaktion

Wichtig: Ob die Hundenase kalt oder warm ist, sagt nichts in Bezug auf Gesundheit oder Krankheit aus!

Fieber misst man im After des Hundes. Benutzen Sie dazu ein schnell reagierendes digitales Thermometer, denn der Hund wird danach trachten, sich aus der für ihn unangenehmen Lage rasch zu befreien.

Parasiten

Würmer

Hunde sind Allesfresser, doch leider fressen sie nicht immer das, was ihnen gut tut. Es gibt zum Beispiel hartnäckige Kotfresser, die mit den Ausscheidungen anderer Tiere viele Würmer aufnehmen. Spul- und Hakenwürmer können schlimme Schäden im Organsystem des Hun-

Unser Tipp

Gehört Ihr Hund zu den unbelehrbaren Kotfressern (kommt besonders häufig bei Junghunden vor), so geben Sie ihm stark riechenden Käse zu fressen (zum Beispiel Wilstermarsch). Manchmal legt sich dann der Appetit. Auch das Verabreichen von Vitamin-B-Tabletten ist hilfreich.

des anrichten. Bandwürmer sind mit bloßem Auge für den Menschen im Kot seines Hundes erkennbar. Da der Bandwurm über Flöhe als Zwischenwirt übertragen wird, muss auch der Flohbefall bekämpft werden.

Wichtig: Entwurmen Sie Ihren Hund öfter; wenn Sie Kleinkinder haben, sollten Sie das jedes Vierteljahr tun. Es gibt verträgliche Präparate, die der Tierarzt verschreibt.

Flöhe
Wichtig ist es auch, den Hund öfter auf Flöhe zu untersuchen, denn sie können Würmer und viele Krankheiten übertragen. Wenn es den Hund übermäßig juckt oder er sich gar Fellbüschel ausreißt, schieben Sie einmal ein paar Haarsträhnen auseinander. Flöhe sind zwar mit dem bloßen Auge kaum erkennbar, aber sie hinterlassen Kot, und der sieht aus wie Kaffeesatz: kleine, schwarze Krümel, die Sie auf der Haut Ihres Hundes sehen können. Gegen Flohbefall gibt es beim Tierarzt zuverlässige Präparate. Es genügt jedoch nicht, nur den Hund zu behandeln, auch sein Lager muss gründlich desinfiziert werden. Schon deshalb empfehlen sich kochbare Einlagen im Hundekorb.

Zecken
Jeder Hund fängt sich einmal Zecken ein. Sie lauern im hohen Gras oder besonders gern auf Ginsterbüschen. Im Anfangsstadium sehen sie aus wie ein Leinsamenkorn. Bevorzugt verstecken sie sich in der Leistengegend, hinter den Ohren und an den Lefzen.

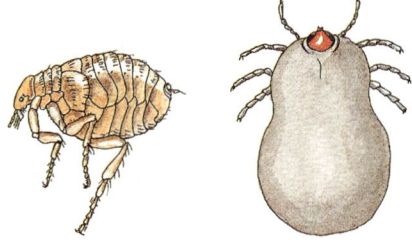

Hundefloh und vollgesogene Zecke

Zecken werden von dem für uns nicht wahrnehmbaren schwachen Geruch der Buttersäure angezogen, den ein Säugetier ausströmt. Sie lassen sich auf das Wirtstier fallen und saugen sich mit ihren Beißwerkzeugen, die mit Widerhaken besetzt sind, fest.

in der Apotheke oder im Zoofachgeschäft. Setzen Sie sie möglichst nah am Kopf der Zecke an (der ist vorne am Fell) und drehen Sie sie in Uhrzeigerrichtung heraus. Sie sollten nicht zu fest reißen, sonst bleibt der Kopf der Zecke stecken. Das kann zu Entzündungen führen.

Zeckenzange

Zur Anschaffung von Zubehör für Ihren Hund sollte also unbedingt eine Zeckenzange gehören, denn es ist nicht jedermanns Sache, einen dieser Blutsauger mit bloßen Fingern herauszudrehen. Die Zange gibt es für ein paar Mark

Unser Tipp

Vergessen Sie das alte Hausrezept, nach dem eine Zecke vor dem Herausdrehen mit Öl oder Klebstoff zu bestreichen ist. Bei dieser Behandlung spritzt die Zecke vor ihrem Erstickungstod noch eine größere Menge Giftstoffe in den Körper ihres Wirtstieres.

Checkliste Hundeapotheke

◆ *entzündungshemmende Salbe oder Tinktur*

◆ *Zeckenzange*

◆ *Ohrreiniger*

◆ *Flohmittel oder -halsband*

◆ *Fieberthermometer*

◆ *Wurmmittel*

Kastration oder Sterilisation

Wenn Sie nicht die Absicht haben, mit Ihrem Hund zu züchten, sollten Sie überlegen, ob Sie ihn nicht nach Erreichen der Geschlechtsreife kastrieren lassen. Sprechen Sie auch mit dem Tierarzt und/oder dem Züchter darüber. Eine Kastration – das bedeutet beim Rüden die Durchtrennung der Samenleiter, bei der Hündin die Entfernung von Eierstöcken und Gebärmutter – befreit das Tier von den Qualen der Läufigkeit. (Bei einer Sterilisation durchtrennt der Tierarzt lediglich die Eileiter; die Läufigkeit findet weiterhin statt).

Diese Entscheidung ist für den Hundehalter oft mit sehr vielen Emotionen verbunden; er befürchtet, dass der Eingriff psychische Folgen haben könnte oder der Hund zu dick wird. Auch ist der Irrglaube nach wie vor weit verbreitet, dass eine Hündin wenigstens einmal im Leben Junge gehabt haben sollte. Dies hat jedoch, wie mittlerweile erwiesen ist, auf die psychische Stabilität der Hündin keinen Einfluss. Manche Hündinnen neigen auch zur Scheinträchtigkeit. Sie verhalten sich unkastriert so, als ob sie Junge hätten, und „adoptieren" dafür Plüschtiere oder Gummispielzeug.

Überlegen Sie sich gut, ob Sie wirklich jedes Mal mit einem Stock bewaffnet zum Spaziergang mit Ihrer läufigen Hündin aufbrechen wollen. Auch das Leiden eines im wahrsten Sinne des Wortes liebeskranken Rüden ist nicht zu unterschätzen. Beide Geschlechter werden nach einer Kastration oder Sterilisation meist ruhiger, und die Neigung zu bösartigen Tumoren der Geschlechtsorgane sinkt.

Eine Gewichtszunahme kann durch eine entsprechende Reduzierung des Futters oder der Gabe von „light"-Produkten ausgeglichen werden. Die Kosten für eine Kastration betragen ungefähr 250 DM, für eine Sterilisation etwa 400 DM.

Unser Tipp

Falls Sie Ihren Jack Russell Terrier kastrieren lassen wollen, erkundigen Sie sich bei anderen Hundebesitzern danach, die bei Ihrem Vierbeiner einen derartigen Eingriff bereits haben durchführen lassen. Sie können auch mit dem Rassebetreuer Ihres Zuchtvereins sprechen und sich Rat holen.

Der Hund auf Ausstellungen und bei Prüfungen

Nationale und internationale Ausstellungen

Wenn Sie mit Ihrem Hund züchten möchten, ist es zur Feststellung seiner Tauglichkeit notwendig, ihn auf Ausstellungen zu präsentieren. Aber auch wenn Sie selbst einfach nur neugierig sind, wie er wohl im Ring bewertet wird, sollten Sie fachkundigen Rat einholen und Ihren Jack Russell Terrier einmal von einem Fachmann begutachten lassen. Das wird in den meisten Fällen ein Vertreter des Rassehundeclubs sein (Adressen sind beim VdH – siehe Anhang Seite 93 – zu erfragen). Falls Ihnen zum Ausstellen Ihres Hundes geraten wird, heißt es erst einmal: üben, üben, üben, denn der Hund soll sich im Ring vorteilhaft präsentieren und das bedeutet:

◆ Er muss manierlich und in flüssiger Gangart an der Leine neben Ihnen herlaufen.
◆ Er darf auf keinen Fall im Ring mit anderen Hunden raufen.
◆ Er muss sich von einem fremden Menschen, nämlich dem Zuchtrichter nicht nur anfassen, sondern sich auch problemlos das Maul öffnen lassen.
◆ Er sollte jedes Ihrer Kommandos umgehend ausführen.

Trainieren Sie all diese Dinge in etwa zehnminütigen Probeintervallen pro Tag. Vor allem das Zähnezeigen sollte man besonders gründlich einüben.

Eine vorbildliche Präsentation an der sogenannten Vorführleine

Wichtig: Grundlegende Voraussetzung für den Besuch einer Ausstellung ist, dass Ihr Hund Menschenansammlungen gewohnt ist und dabei nicht nervös wird.

Als Einstieg – die Hundeschauen

Für den Anfänger empfiehlt sich eine Clubschau, das heißt eine Ausstellung, bei der nur Hunde gezeigt werden, die ein einzelner Verein betreut. Der Richter vergibt einen Formwert und bewertet Ihren Hund in einem Bericht:

▬▬▬ Die Bewertung „vorzüglich" erhält Ihr Hund dann, wenn er dem rassetypischen Ideal, das im Standard festgeschrieben ist, sehr nahe kommt.

▬▬▬ „Sehr gut" bekommt er, wenn er kleine, verzeihbare Schönheitsfehler hat (wenn er zum Beispiel zu groß oder zu klein ist).

▬▬▬ „Gut" heißt: der Hund besitzt zwar die Hauptmerkmale der Rasse, weist aber einige doch gravierendere Fehler auf.

▬▬▬ „Genügend": Entweder ist Ihr Hund nicht in Form oder er entspricht wirklich dem Rassetyp nur unzureichend.

Aber auch wenn Sie nicht mit einer Traumnote nach Hause gehen: Am

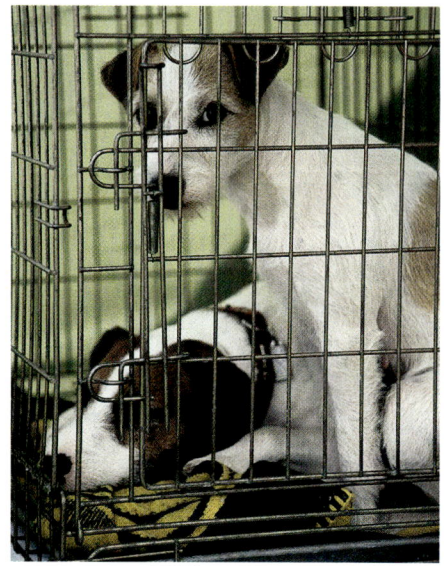

▬▬▬ *Dieser Hund wartet schon auf den großen Auftritt*

Charakter Ihres Hundes hat sich nichts geändert, er ist nach wie vor Ihr Kamerad. Lassen Sie also etwaigen Ärger nicht an ihm aus!

Und dann gibt es noch die Titelanwartschaften CAC und CACIB. Das sind Prädikate, die auf nationalen und internationalen Schönheitswettkämpfen erworben werden können. CAC (Certificat d'aptitude au Championat) bedeutet übersetzt „Anwartschaft auf ein nationales Schönheits-Championat", CACIB (Certificat d'aptitude au Championat International de Beauté) bezieht sich

Checkliste *Was Sie für die Ausstellung brauchen*

◆ die Bestätigung der Anmeldung

◆ die Ahnentafel Ihres Hundes

◆ falls Sie Ihren Hund in der Championklasse gemeldet haben: die Nachweise über bereits verliehene Prädikate

◆ den Impfpass des Hundes

◆ eine Vorführleine

◆ eine Unterlage für den Hund

◆ Näpfe, Futter, einen Wasserkanister

◆ einen Klappstuhl

◆ eine Sicherheitsnadel, um das Schildchen mit Ihrer Nummer an der Kleidung zu befestigen

auf den internationalen Titel. Soll Ihr Hund Deutscher Champion werden, ist es notwendig, dass er vier CACs bei drei verschiedenen Richtern in drei verschiedenen Bundesländern vorweisen kann. Eine der Anwartschaften muss auf einer internationalen Ausstellung erworben worden sein.

Unser Tipp

Falls Sie am Ausstellungsort übernachten wollen, buchen Sie rechtzeitig ein Hotelzimmer.

Wenn's ernst wird, ...

Sind Sie also entschlossen, Ihren Hund auf einer Ausstellung zu präsentieren, besorgen Sie sich bei der Ausstellungsleitung die Meldeformulare. Schicken Sie sie pünktlich zurück, denn Hunde, die zu spät nominiert werden, dürfen nicht mehr teilnehmen! Erst nach Bezahlen der Meldegebühr gilt die Anmeldung als verbindlich.

Mindestens 1 Monat vorher sollten Sie prüfen, ob die Tollwutimpfung Ihres Hundes noch gültig ist (der Impfschutz währt 12 Monate). Andernfalls: schnell nachimpfen lassen!

Außer dem Impfpass Ihres Hundes sollte übrigens auch Ihr eigener Personalausweis gültig sein, da Sie ihn ebenfalls vorzeigen müssen. Was Sie sonst noch zur Ausstellung mitnehmen sollten, sagt Ihnen die Checkliste auf Seite 87.

Die Prüfungen

Begleithundeprüfung

Wenn Sie Ihren Jack Russell Terrier zum Begleithund ausbilden lassen möchten, muss er dazu über 12 Monate alt sein. Bei der entsprechenden Prüfung soll er seine gute Erziehung unter Beweis stellen. Geprüft werden
◆ Folgen frei bei Fuß
◆ Leinenführigkeit
◆ Ablegen
◆ Apportieren eines Gegenstandes
◆ Schussfestigkeit

Außerdem muss er bei der Bewältigung bestimmter Aufgaben seine Zuverlässigkeit zeigen, das heißt, er muss sich im Trubel einer Großstadt ruhig und sicher bewegen und das Bei-Fuß-Gehen inmitten einer Menschenmenge beherrschen. Überraschungen – wie etwa das plötzliche Aufspannen eines Regenschirms direkt neben ihm – dürfen den Vierbeiner nicht aus der Ruhe bringen. Ein entsprechendes Training wird von Hundesportvereinen angeboten.

Jagdleistungsprüfung

Für den Halter eines normalen Familienhundes ist diese Prüfung sicher nicht von Interesse. Besitzen Sie allerdings einen Jagdschein oder ein eigenes Revier, dann können Sie beim Jagdgebrauchshundeverband (Adresse über den VdH – siehe Anhang Seite 93) nähere Informationen erhalten. Ihr Jack Russell muss dann die Jagdeignungsprüfung ablegen und erkennen lassen, ob er in der Lage ist, einer Schweißspur, also einer Fährte aus Blut, zu folgen. Wenn es um die Arbeit im Bau geht, ist der Jack Russell Terrier berühmt für seinen Mut. Dachs und Fuchs sind in dem engen Gangwerk ihrer Höhlen gefährliche Gegner.

Der alte Hund

Ein ganzes Hundeleben hat Ihr Jack Russell Terrier mit Ihnen verbracht, nun wird er alt. Sie merken es an den langsameren Bewegungen, der Schnauze, die langsam grau wird, und an seinem gesteigerten Ruhebedürfnis. Wenn Sie ihn zum Spaziergang rufen, kann es sein, dass er nicht mehr ganz so schnell kommt wie früher – das Aufstehen dauert länger.

Genau wie der Mensch neigt auch der Hund im Alter zur Schwerhörigkeit. Das kann zum Beispiel beim Entlanggehen belebter Straßen gefährlich sein; richten Sie sich also danach und passen Sie auf Ihren Vierbeiner gut auf.

Der Geruchssinn leidet mit zunehmendem Alter kaum. Sie werden sogar feststellen, dass Ihr Hund besonders ausgiebig seinen gewohnten Weg „erschnüffelt". Alles dauert halt ein bißchen länger als früher. Was Sie ihm jetzt schulden, ist Dank für seine jahrelange Treue. Lassen Sie Ihren Jack Russell Terrier seine letzte Zeit so angenehm und würdig wie möglich verbringen. Nehmen Sie auf sein Alter Rücksicht: Verkürzen Sie die Spaziergänge, legen Sie sie während der heißen Jahreszeit in die Morgen- und Abendstunden; und vergönnen Sie Ihrem vierbeinigen Begleiter öfter mal eine Pause.

Auch der Nahrungsbedarf ändert sich. Alte Hunde verbrauchen weniger Energie, Sie müssen also die Kalorienzufuhr drosseln. Das Futter sollte leicht verdaulich sein, aber trotzdem genug Ballaststoffe enthalten. Ein alter Hund benötigt außerdem mehr ungesättigte Fettsäuren als ein junger.

Schauen Sie sich einmal im Zoofachgeschäft um: Dort gibt es spezielle Senior-Futtersorten, die auf die Bedürfnisse alter Hunde zugeschnitten sind. Generell gilt: Lieber weniger, aber öfter füttern.

Gesundheitscheck beim alten Hund

Um mögliche Beschwerden des Tieres lindern zu können, muss man sie kennen und rechtzeitig handeln.

Aus diesem Grunde ist eine regelmäßige Gesundheitskontrolle sehr wichtig:

▬▬ Überprüfen Sie Augen und Ohren. Sind die Augen klar oder werden sie trüb? Der Tierarzt kann feststellen, ob es sich möglicherweise um einen beginnenden Altersstar handelt.

Schmutz in den Ohren kann zu Entzündungen führen, deshalb muss man ihn rechtzeitig entfernen.

▬▬ Achten Sie auf die Zähne des Hundes: Zahnstein muss unbedingt vom Tierarzt entfernt werden. Unbehandelt schieben die gelben Ablagerungen das Zahnfleisch hoch und führen schließlich zu schmerzhaften Entzündungen.

▬▬ Untersuchen Sie die Haut Ihres Vierbeiners. Im Alter bilden sich des Öfteren Warzen oder Geschwulste. Behalten Sie sie im Auge und sagen Sie dem Tierarzt Bescheid. Er sollte nachsehen, ob es sich nicht um bösartige Wucherungen handelt.

▬▬ Lassen Sie ab und zu den Urin Ihres Hundes auswerten, denn Hunde können, genauso wie Menschen, Altersdiabetes bekommen.

Generell sollten Sie beachten, dass alte Hunde gegen Zugluft empfindlich sind. Suchen Sie daher ein entsprechendes Plätzchen für Ihren Jack Russell. Zudem ist das Wärme- und Ruhebedürfnis alter Hunde gesteigert.

Ein Jack Russell Terrier wird etwa 13 bis 15 Jahre alt.

In höherem Alter kann es vorkommen, dass die Krankheiten nicht mehr aufhören. Sie können sehr schmerzhaft sein und Ihrem Vierbeiner das Umherlaufen derart verleiden, dass er seinen Platz nicht mehr verlassen möchte. Wenn auch der Tierarzt Ihrem Hund nicht mehr helfen kann, denken Sie daran: Ihn von seinen Schmerzen zu erlösen, ist der letzte Liebesdienst, den Sie ihm erweisen können.

Rufen Sie den Doktor zu sich nach Hause, um Ihren Hund in seiner letzten Stunde nicht unnötig zu beunruhigen. Lassen Sie Ihr Tier in diesem Moment nicht allein, so schmerzlich es auch für Sie sein mag.

▬▬ *Gemeinsam älter werden:*
Dieser Hund hat's gut

Anhang

Literaturhinweise

Spezialliteratur zur Rasse des Jack Russell Terriers

Chapman, E.:
Der wahre Jack Russell
Kynos, Mürlenbach 1993

Haller, Martin:
Jack Russell Terrier
Parey, Hamburg 1994

Lange, Hans:
Jack Russell Terrier
Gräfe & Unzer, München 1996

Plummer, Brian:
Jack Russell Terrier
Kynos, Mürlenbach 1995

Valentine, John:
Jack Russell Terrier
Kynos, Mürlenbach 1997

Allgemeine Literatur

Beck, Peter:
Das Beste für meinen Hund.
Profitips für Hundefreunde
Franckh-Kosmos, Stuttgart 1995

Birr, Ursula:
Erfolgreiche Hundeerziehung
FALKEN Verlag, Niedernhausen
1995

Feddersen-Petersen, Dorit:
Hunde und ihre Menschen
Franckh-Kosmos, Stuttgart 1995

Feltmann-v. Schröder, Gudrun:
Hund und Mensch im Zwiegespräch
Franckh-Kosmos, Stuttgart 1993

Ghosh, Inge:
Naturheilkunde für Hunde
pala, Darmstadt 1995

Ludwig, Claudia:
Ein junger Hund zieht ein
FALKEN Verlag, Niedernhausen
1997[2]

Smith, Penelope:
Gespräche mit Tieren
Zweitausendeins, Frankfurt 1995[2]

Trumler, Eberhard:
Hunde ernstgenommen. Zum Wesen
und Verständnis ihres Verhaltens
Piper, München 1997[4]

Trumler, Eberhard:
Der schwierige Hund
Kynos, Mürlenbach 1986

Wichtige Adressen

Deutschland

*Verband für das Deutsche
Hundewesen e. V.*
Westfalendamm 174
44141 Dortmund
Telefon: 02 31/5 65 00–0
Fax: 02 31/59 24 40

Klub für Terrier
Parson Jack Russell Terrier
Eva Struck
Großmoor 1
24241 Schmalstede
Telefon und Fax: 0 43 22/78 83

*Jack Russell Terrier Club
Deutschland e. V.*
Joachim Kieninger
Goethestr. 4
73463 Westhausen
Telefon: 0 73 63/91 90 83

Österreich

*Österreichischer Kynologenverband
(ÖKV)*
Johann-Teufel-Gasse 8
A–1238 Wien
Telefon: 01/88 87 09 20

Österreichischer Club für Terrier
Haymogasse 55/6
A–1238 Wien
Telefon: 01/8 88 73 28
Fax: 01/8 89 63 63

Schweiz

*Schweizerische Kynologische
Gesellschaft (SKG)*
Länggasstraße 8
CH–3012 Bern
Telefon: 0 31/3 01 58 19

Jack Russell Terrier Club Schweiz
Dr. Jörg Willi
Centralstraße 25
CH–6210 Sursee
Telefon: 0 41/9 21 72 33
Fax: 0 41/9 21 72 34

Register

Halbfette Seitenzahlen verweisen auf eine ausführliche
Erläuterung des Begriffs.

Agility 70, **73–74**
Ahnentafel 21
Airedale Terrier 10
Alleinbleiben 48
Alpha-Hund 31
alter Hund 89–91
Anschaffung 12–25
Artgenossen 15–16
Augenpflege 63
Aujeszkysche Krankheit
 78
„Aus" 46–47
Ausstellungen 85–88
Auto 65

Bahn 66–67
Bandwürmer 81
Begleithunde-
 prüfung 88
„Bei Fuß" 47
Bellen 52
Beschäftigungsmöglichkeiten
 68–71
– Agility 70, **73–74**
– Rauf-/Zerrspiel
 70
– Versteckspiel 70
Bewegung 61–62
Bezugsperson 35–36, 64,
 s. auch Rudelführer
„Bleib" 46
Border Terrier 11
Brustkorb 8

Charakter s. Wesen

Demutshaltung 51–52
Deutscher Jagdterrier 11
Dosenfutter 55, 58
Drohhaltung 51
Durchfall 79

Einzug 33–34
Eiweiß 58, 59
Ekzeme 56
Ellbogen 8
Entwicklung,
 Phasen 26–31
– 1.–2. Woche 26
– 3. Woche 27
– 4.–8. Woche 28–29
– 9.–12. Woche 29–30
– 13.–16. Woche 30–31
– Übergangsphase 27
Erbrechen 78
Ernährung 55–59
– im Alter 55
Erscheinungsbild 8–9
Erziehung 12, 14,
 41–48

Familienhund 41
Fell 9
– Pflege 62
Fertigfutter 58–59
Fett 57
Fieber 80
Fleisch 56
Flöhe 81
Flugzeug 65–66
Flyball 74
Foxterrier 10
Futter 21, 80
– selbst zubereitetes 58
Fütterungszeiten 59

Gemüse 59
Geruchssinn 49
Geschichte 6–7
Gesichtsausdruck 50
Gesundheit **75–84**, 89
Größe 9
Grundausstattung 21
– **21–22**

Haarkleid 9
Halsband 44
Haltung 33, **61–67**
– in der Wohnung 24–25
– mehrerer Hunde 15–16
– mit Katzen 16–17
– mit Pferden 17
– mit Nagetieren 17
– mit Vögeln 17
Hausordnung 24
Haustiere, andere 16–17
Hinterhand 8
Hitze 23
Hundeapotheke 82
Hundehändler 20
Hundepaar
– gemischt-geschlechtliches
 16
– gleich-geschlechtliches
 16
Hündin 23–24

Impfpass 21
Impfungen **75–77**, 87
Imponiergehabe 52
Infektionskrankheiten
 77–78

Jagdhund 7, 54, 55, 73
Jagdleistungsprüfung 88

Kalzium 57
Kastration 84
Katzen 16–17
Kauf 19–22
Kinder 13–14
Kniegelenk 8
Knochen 56
Kohlenhydrate 57
„Komm" 45
Kommandos 12, 41,
  45–47
Konsequenz 41–42
Körperpflege 62
Körpersprache 49–54
Kosten 21
Krallen 64
Krankheiten 77–82
– Symptome 78–80

Lakeland Terrier 11
Läufigkeit 23–24
Lautsprache 49–54
Lebenserwartung 12
Lefzen 50
Leine 44–45
Leptospirose 78
Literatur 92
Lob 37, 42
Lösen 35
Löseplatz 35, 37

Mimik 50
Mineralstoffe 59
Mutterhündin 20, 21

Nase 49
Nasenspiegel 8

Ohrenpflege 63
Österreichischer Kynolo-
  genverband (ÖKV) 93

Parasiten 80–82
Parfüm 43
pflanzliche Kost 56, 58

Pflege 61–67
Pflegestelle 67
Pfoten 63
Phase, vegetative 26
„Platz" 45–46
Prägungsphase 28–29
Prüfung 88
– Begleithund 88
– Jagdhund 88

Rangordnungsphase
  30
Rasseportraits 8–11
Rassestandards 8
Raufen 71
Reitbegleitung 71–73
Rüde 23–24
Rudelführer 41, 45, 64,
  71
Rute 8, 9

Scheinträchtigkeit 84
Schlafbereich 38–39
Schlappohren 8
Schulter 8
Schulterhöhe 9
Schweizerische Kyno-
  logische Gesellschaft
  (SKG) 93
„Sitz" 45
Sozialisierungsphase
  29–30
Spaziergang 45, 61–62
Speiseplan 56–59
Spielbereich 68–71
Spielzeug 38
Sportarten 71–74
– Agility 73–74
– Flyball 74
Sprunggelenk 8
Staupe 77
Sterilisation 84
Strafe 29, 41–42
Stubenreinheit 29, 35, 37,
  43

Temperatur 80
Tierarzt 21–23
Tod 91
Tollwut 78
Toxoplasmose 78
trächtige Hündin 55
Transport 35
Trimming 62
Trockenfutter 55, 58

Unterbringung 38–39,
  64–67
– im Auto 65
– im Flugzeug 65–66
– im Urlaub 64–67
– in der Bahn 66–67
Urlaub 64–67

Verband für das Deutsche
  Hundewesen e. V. (VdH)
  19, 93
Versicherung 23
Vitamine 57
Vorderläufe 9

Wasser 57
Welpen 26–32
– Auswahl 31–32
– Eingewöhnung 37–39
– Entwicklung 26–31
– Gesundheit 32
– Transport 35–37
Wesen 9
West Highland White Terrier
  10
Widerrist 8
Würmer 80–81

Zahnstein 91
Zecken 81–82
Zimmerpflanzen, giftige 36
Zubehör 82
Zuchtbetrieb 20
Züchter 19, 20–21
Zuchtschau 86–88

Im FALKEN Verlag sind zum Thema „Hunde" u. a. bisher erschienen:
„Agility und andere Hundesportarten" (Nr. 4873)
„Ein neues Zuhause für Streuner und Tierheimhund" (Nr. 1512)
„Erfolgreiche Hundeerziehung" (Nr. 4808; auch als Video unter der Nr. 6198 erhältlich)
„Hundekrankheiten" (Nr. 1604)
„Komm! Sitz! Platz!" (Nr. 1469)
„Labrador Retriever" (Nr. 1677)
„Mischlingshunde" (Nr. 1511)
„Neufundländer und Landseer" (Nr. 1644)
„Wenn Hunde reden könnten..." (Nr. 4952)
„West Highland White Terrier" (Nr. 1514)
„Yorkshire Terrier" (Nr. 1642)

ISBN 3 8068 1867 3

© 1998 by FALKEN Verlag, 65527 Niedernhausen/Ts.
Umschlaggestaltung: Peter Udo Pinzer
Layout: David Barclay, Neu-Anspach
Redaktion: Dr. Gabriele Schweickhardt
Titelbild: J. M. Huber, Alzey
Umschlagrückseite: J. M. Huber, Alzey
Fotos: Bildarchiv Okapia, Frankfurt/M./H. Kehrer: S. 11 Mitte; Silvestris Fotoservice,
Kastl/M. Traub: S. 11 re.; FALKEN Archiv/Steimer: S. 10, 64, 82; Bildagentur IPO: S. 58,
59, 80; alle übrigen Fotos: J. M. Huber, Alzey
Zeichnungen: Gabriele Hampel, Kelkheim

Satz und Lithographie: DM-SERVICE Mahncke & Pollmeier oHG, Rodgau
Druck: Druckhaus Cramer, Greven

817 2635 4453 6271